NZZ **LIBRO**

Saïda Keller-Messahli

Islamistische Drehscheibe Schweiz

Ein Blick hinter die Kulissen der Moscheen

Mit einem Vorwort von Ali Ertan Toprak

NZZ Libro

Bibliografische Information der Deutschen Nationalbibliothek

Die Deutsche Nationalbibliothek verzeichnet diese Publikation in der Deutschen Nationalbibliografie; detaillierte bibliografische Daten sind im Internet über http://dnb.d-nb.de abrufbar.

Coverabbildung: Annick Ramp, Zürich
Umschlag, Gestaltung, Satz: TGG Hafen Senn Stieger, St. Gallen
Druck, Einband: Kösel GmbH, Altusried-Krugzell

ISBN 978-3-03810-289-2

www.nzz-libro.ch
NZZ Libro ist ein Imprint der Neuen Zürcher Zeitung.

Inhaltsverzeichnis

Vorwort

Der Islam hat sich auf den langen Marsch begeben. Ein Marsch, der vor über 1400 Jahren begonnen hat, erst den Nahen Osten und Nordafrika überrannte, bis über den Indus und tief hinein nach Europa vordrang. Nur selten geschah das Vordringen friedlich – für die von seinen Kämpfern Bedrängten war er nicht selten die Frage zwischen Überleben oder Tod.

Und doch ist der Islam nicht nur eine aggressive Ideologie – er hatte immer auch einen tief religiösen, mystischen Kern, den wie kaum ein anderer der persisch-anatolische Dichter Djalal-a'din Muhamad a'Rumi schon im Mittelalter vermittelte.

Nach dem Mittelalter und dem Sieg über die vom Balkan nach Wien vorgedrungenen Osmanen geriet der Islam in Europa erst in Vergessenheit, wurde als Sinnbild orientalischer Exotik gar zu einem Modetrend, ohne dass sich jene, die sich zu ihm hingezogen fühlten, wirklich mit ihm beschäftigt hätten. Mit dem Rückzug der Europäer kam es in zahlreichen traditionell islamisch geprägten Ländern zu einer Renaissance der Philosophie aus dem frühen Mittelalter. Überwunden geglaubte, totalitäre Gottesstaaten stiessen in ein geistiges Vakuum, das den Weg in die Moderne ausschliesslich den Eliten vorbehalten hatte.

Heute leben in den westlich geprägten Gesellschaften Muslime wie auch Anhänger anderer Religionen. Das schien den säkularen Gemeinschaften kein Problem, solange Glaube etwas ist, das der Mensch ohne Bekehrungs- oder gar Beherrschungsauftrag für sich selbst lebt.

Doch in ihrer das religiöse Dogma überwindenden Toleranz öffneten die Länder Europas ihre Tore nicht nur einem religionsphilosophischen Konzept, sondern auch einem für viele Anhänger Mohammeds damit verknüpften irdischen Machtanspruch. Dagegen positionieren sich Muslime, die ihren Glauben ähnlich dem Christentum auf seinen eigentlichen, seinen mystischen Kern als eine Religion der Nächstenliebe und Toleranz zurückführen möchten. Toleranz aber, das befand schon der englische Philosoph Karl Popper, darf nicht bedeuten, den Intoleranten zu tolerieren. So, wie die Muslime, die das imperialistische Dogma ihrer Gründer zu überwinden suchen, zunehmend begreifen, dass sie ihren Glauben in einer modernen Menschheitsgesellschaft nur dann leben können, wenn sie den Anspruch Poppers auch gegen jene geltend machen, die sich auf den gleichen Gott berufen, so steht die Zivilisation der Aufklärung heute einem Phänomen gegenüber, das ihr selbst als Konsequenz ihres jahrhundertelangen Kampfes um das Primat der Vernunft fremd, ja unverständlich, wenn nicht gar absurd erscheinen muss.

Jeder Versuch, in dieses Unverständnis etwas Verständnis zu bringen, ist daher zutiefst zu begrüssen. Und er muss Antworten geben auf die Frage: Gibt es einen Unterschied zwischen Islam und Islamismus? Kann es tatsächlich einen Islam geben, der auf den weltlichen Machtanspruch seines Propheten verzichtet?

Ausgewiesene Islamkenner wie die Orientalisten Tilman Nagel und Bassam Tibi haben beides verneint. Andere wie Mouhanad Khorchide versuchen unter ständiger Anfeindung seitens der islamischen Orthodoxie durch das Beschreiten eines anderen Weges den gegenteiligen Beweis zu erbringen.

Das hier vorliegende Werk will einerseits einen Weg weisen, der den Muslimen Europas das Bewahren ihres Glaubens in der aufgeklärten Gesellschaft ermöglicht, andererseits den mit einem ihnen gänzlich fremden Religionskonzept konfrontierten Europäern Verständnishilfe liefern. Dabei stellt sich nicht die Frage, ob Muslime in der europäischen Kultur leben können. Diese ist durch die normative Kraft des Faktischen längst beantwortet. Es stellt sich vielmehr die Frage, ob Muslime zu dieser europäischen Kultur gehören, in ihr ankommen können. Die Beantwortung dieser Frage wird vielleicht am Ende auch klären können, ob Samuel Huntington Recht hatte, als er von dem «Clash of Civilizations» sprach und damit eine globale Konfrontation zwischen dem Islam und der Welt der Aufklärung meinte.

Ali Ertan Toprak

Einleitung

«Wir dürfen uns nicht schämen, die Wahrheit anzuerkennen und zu übernehmen, woher sie auch kommen mag, und sei es von fernen Geschlechtern und anderen Völkern.»

Abu Yusuf al-Kindi (ca. 801–873),
Philosoph, Mathematiker, Musiker

Während allseits auf dem Globus die berechtigte Angst vor Terroranschlägen um sich greift und das Leben vieler Menschen bereits schrittweise zu dominieren beginnt, versäumt es die transnationale Politik, der eigentlichen Gefahr zu Leibe zu rücken. Denn diese geht namentlich von jenen Organisationen und Financiers aus, die insbesondere über zahlreiche Moscheen in West-, Mittel- und Südosteuropa den Nährboden für die Radikalisierung zumeist junger Muslime und Muslimas bereiten. Doch die transnationale Politik in ihrem Pragmatismus, die Wirtschaft und vor allem die Waffenlobby und die Rüstungsindustrie sind letztlich an einer nachhaltigen Veränderung der Situation gar nicht interessiert. Dies verdeutlicht die Tatsache, dass viele staatstragende Organe nicht wahrhaben wollen, wo das Problem des islamistisch motivierten Terrorismus liegt bzw. wo die entsprechenden Drahtzieher agieren, die gelenkt und finanziert werden vom Königreich Saudiarabien mit der Absicht, seine erzkonservative Auslegung des (politischen) Islam in der ganzen Welt zu verbreiten.

Lag der Fokus in den ersten Jahren nach dem schicksalhaften 11. September 2001 auf den weit entfernten Schauplätzen im Nahen und Mittleren Osten, wo die USA unter dem damaligen Präsidenten George W. Bush den Krieg gegen den Terrorismus begannen, änderte sich dies spätestens ab dem 11. März 2004, als die ersten grösseren Anschläge auch den europäischen Kontinent erreichten. Damals führten mehrere Islamisten mit nordafrikanischem und indischem Hintergrund in der spanischen Hauptstadt

Madrid eine orchestrierte Aktion mit mehreren Attentaten durch, in deren Verlauf fast 200 Menschen getötet und etwa 1800 verletzt wurden. Die Anschläge waren quasi der Auftakt zu einer Epoche des Terrorismus, wie ihn Europa selbst in den schlimmsten Zeiten der Roten Armee Fraktion (RAF) in Deutschland oder der Roten Brigaden in Italien nicht erlebt hatte. Die Dimensionen dieses neuen Phänomens von islamistisch motivierten Attentaten sind insofern nicht mit besagten Terrorgruppen zu vergleichen, als diese sich auf konkrete Personen und Institutionen konzentrierten, während die Islamisten wahllos so viele Menschen wie nur möglich zu töten beabsichtigen – obschon sich die Zielsetzungen eher marginal voneinander unterscheiden. Die Terroristen der 1970er- und 1980er-Jahre strebten eine kommunistische Gesellschaft nach sowjetischem Vorbild an, die Islamisten trachten nach einem globalen Kalifat. Beide Gesellschaftsformen sind in ihrer Radikalität, Intoleranz und Militanz mehr oder weniger kongruent.

Seit der von ehemaligen Offizieren des 2003 gestürzten Saddam-Hussein-Regimes und Söldnern aus aller Herren Länder gebildete «Islamische Staat für Irak und Syrien» (Isis bzw. IS) seine Terrorherrschaft errichtete, haben die Anschläge in Europa drastisch zugenommen. Das Attentat in Paris auf die Redaktion des Satiremagazins *Charlie Hebdo* im Januar 2015, das Blutbad in Paris im November 2015 mit 130 Toten, in Brüssel im März 2016 mit 32 Toten und in Nizza im Juli 2016, als ein muslimischer Einwanderer mit einem schweren Lastwagen in eine Menge rast und dabei 84 Menschen ermordet: Sie bilden nur die monströse Speerspitze diverser Anschläge in europäischen Staaten, von den Hunderten Opfern auf anderen Kontinenten gar nicht zu reden.

Einen grossen Einfluss auf diese gefährliche Entwicklung des Terrorismus «im Namen Allahs» üben zahlreiche salafistische Moscheen vor allem in Mitteleuropa (Deutschland, Österreich und die Schweiz) aus, indem deren Imame junge Menschen zu radikalisieren versuchen. Dabei geht es den oftmals aus dem arabischen und südosteuropäischen Raum (Bosnien, Kosovo, Mazedonien, Albanien bis hin zur Türkei) stammenden Geistlichen primär darum, den Wahhabismus – die saudische Auslegung eines Islam, wie er in der Frühzeit praktiziert wurde – in Europa zu verbreiten, wobei sie etwa via vom saudischen Staat als NGO deklarierte Institutionen finanziert werden. Dass es sehr schwierig ist, Geldflüsse nachzuzeichnen, liegt an der bewussten Verschleierung der Finanzwege. Informelle Zahlungsverfahren wie die auf Vertrauen basierende «Hawala» oder das religiös vorgeschriebene System der Almosenspenden («Zakat») zur angeblichen Reinigung von Sünden eignen sich hierfür hervorragend (Schmid, NZZ, 13.6.2017). Es ist deshalb wichtig, die globalen Zusammenhänge zu durchleuchten und zu verstehen, wie radikales Gedankengut weltweit verbreitet wird: über potente Organisationen, deren Medien, geistesverwandte Gruppen und bestehende Moscheen.

Das den demokratischen Staaten heilige Prinzip der Religionsfreiheit hat es zugelassen, dass die meisten Moscheen de facto eine Parallelgesellschaft aufbauen konnten, abseits von jeder demokratischen Kontrolle. Jahrzehntelang wurde hier ungestört ein Diskurs der Abschottung gepflegt, und radikale Prediger saudischer Prägung reisen heute frei ein und aus. Wie sind diese Moscheen organisiert? Welche Vereine und Verbände existieren in den Ländern Mitteleuropas wie der Schweiz, Deutschland und Österreich, und wie sind sie mit dem Ausland verbunden?

Nüchtern betrachtet spielen die Moscheen eine politische und selten eine spirituelle Rolle. Es geht primär um die politische Organisation und Einflussnahme – das will dieses Buch aufzeigen. Es geht darum, möglichst an der Front zu sein, da, wo es um die Muslime geht und um die öffentlich-rechtliche Anerkennung der islamischen Gemeinschaft.

Aber bieten sich den Behörden auch Alternativen zu diesen «Ansprechpartnern»? Ja. Es ist die schweigende laizistische, nicht politische Mehrheit der muslimischen Bevölkerung, die bisher nicht wahrgenommen wurde. Deren Forderungen beschreibt Samuel Schirmbeck in seinem Buch *Der islamische Kreuzzug und der ratlose Westen – Warum wir eine selbstbewusste Islamkritik brauchen:* «Forderung Nummer eins: Fördert das freie, eigenständige Nachdenken über den Islam! Forderung Nummer zwei: Verkündet, dass es keinen Unterschied zwischen ‹Gläubigen› und ‹Ungläubigen› gibt.»

Begrüssenswert sind Aktionen wie jene des Rektors der Grossen Moschee von Paris, Dalil Boubakeur, der im März 2017 ein geradezu bahnbrechendes Dokument unterzeichnet hat, dessen Inhalt insgesamt 25 Punkte aufweist, die den Islam in Frankreich definieren. Der Brief verteidigt das säkulare Prinzip und tritt für eine moderne Auslegung des Islam ein, und er verurteilt jede Form von Gewalt und Diskriminierung. Ebenso ruft er dazu auf, sich hinter die demokratischen Werte Frankreichs zu stellen. Es wäre wünschenswert, wenn sich andere Moscheen ein Beispiel daran nehmen würden.

Heute braucht es mutige Entscheidungen, um eine Wand gegen den Hass und Abgrenzung predigenden politischen Islam aufzubauen und ihn von seinem Versuch abzubringen, der demokratischen Gesellschaft Millimeter um Millimeter Konzessionen abzuringen.

Wir müssen vorsichtiger sein, wir müssen besser hinschauen und genau verstehen, welche Mechanismen es heutzutage gibt und wer ein Interesse daran hat, uns vor so viele Faits accomplis zu stellen, nur um den Wahhabismus, also die reaktionäre saudische Staatsideologie, gegen alle anderen durchzusetzen. Saudiarabien anerkennt viele andere Arten des Islam nicht. Der Hauptfeind ist Iran. Die Saudis anerkennen auch keine Aleviten («Anhänger Alis»). Die Aleviten sind meistens Türken, Turkmenen oder Kurden und werden als Teil der schiitischen Muslime klassifiziert. Alles, was von der saudischen Doktrin abweicht, ist des Teufels. Wollen wir das in Europa? Oder wollen wir Grenzen setzen? Dies ist eine politische Frage, und diese kann nur die lokale Bevölkerung beantworten.

Das vorliegende Buch widmet sich zunächst der Ausbreitung des Islamismus bzw. des politischen Islam primär in Europa und geht über zur Geschichte des Islam auf dem Balkan. Es zeigt auf, wie es dazu kam, dass die muslimische Diaspora des ehemaligen Jugoslawien unter den Einfluss der Golfstaaten geraten ist, und warum Kosovo heute innerhalb Europas die höchste Rate an Jihadisten vorzuweisen hat.

Ausgehend von dieser historischen Entwicklung wird der Versuch unternommen, die Global Players auf dem Feld «Islam» zu benennen und ihre Strategie zu erklären, mit Fokus auf den deutschsprachigen Raum. Federführend in der Schweiz sind hierbei unter anderem die Moscheen der Union Albanischer Imame in der Schweiz (UAIS), die sich mehrheitlich aus Diaspora-Albanern aus Kosovo, Mazedonien und Bosnien zusammensetzen und wovon etliche regelmässig durch Einladungen ausländischer islamistischer Imame von sich reden machen, während in Deutschland Organisationen wie der türkische Islamverband DITIB und deren Moscheen den Hass auf die westliche Gesellschaft schüren. In Österreich, wo Muslimbrüder etwa 150 eigene Kindergärten betreiben, befeuert das DITIB-Pendant ATIB die Ressentiments gegen den Westen und bildet laut dem Österreichischen Institut für internationale Politik daselbst den verlängerten Arm Erdogans.

Hinter, ja über all diesen Netzwerken steht die Islamische Weltliga. Diese wurde 1962 gegründet mit dem Ziel, die saudische Staatsdoktrin, die auf der Ideologie der Einheit von Religion und politischer Macht beruht, in die Welt zu tragen. Das Wesen dieser Organisation steht im Zentrum des dritten Kapitels.

Im vierten und fünften Kapitel werden Themen diskutiert, die immer wieder im Licht der Medien stehen: Reizthemen wie das Kopftuch, Minarette, die Scharia, die Zwangs- oder gar Kinderehe müssen ebenso kritisch hinterfragt werden wie die Personen, die solche Forderungen stellen – oft salafistische Konvertiten, die besonders radikale, intolerante Positionen vertreten.

Sodann widmen wir uns möglichen Lösungen der akuten Probleme, die uns der politische Islam heute stellt, und zeigen politisch praktikable Wege, wie er zu verdrängen ist.

Saïda Keller-Messahli

1. Islamismus: Terminus technicus und Geschichte

Wovon reden wir, wenn wir den Begriff «Islamismus» verwenden? Laut dem deutschen Verfassungsschutz stellt der Islamismus kein einheitliches Phänomen dar. Unter diesen Terminus technicus fallen mehrere Gruppierungen, die den Islam nur vordergründig als religiöse Praxis interpretieren; vielmehr geht es diesen Gruppierungen darum, den Islam politisch als Mittel zum Zweck zu missbrauchen. Ihr Ziel ist es, den demokratischen Rechtsstaat durch einen Gottesstaat zu ersetzen und die Gesellschaftsordnung des 7. Jahrhunderts, wie sie zu Zeiten des Propheten und der ersten vier Kalifen bestanden hat, einzuführen. Um dies zu erreichen, greifen sie auf nahezu jedes Mittel zurück: Gruppen wie die Hamas in Palästina etwa befürworten Gewalt bzw. militärische Einsätze, wie die regelmässigen Raketenangriffe auf Israel belegen. Im Gegensatz zur Hamas operieren andere extremistische Organisationen mit gezielten Terroranschlägen, etwa al-Kaida weltweit, Dschabhat Fatah asch-Scham (zuvor die Al-Nusra-Front) vorwiegend in Syrien, Boko Haram in Nigeria, Abu Sayyaf auf den Philippinen und nicht zuletzt der IS in Irak und Syrien und darüber hinaus.

Doch nicht alle sogenannten Islamisten wenden Gewalt an. Viele wählen stattdessen den Weg der Infiltration der modernen, aufgeklärten Gesellschaft und streuen in propagandistischer Manier die Saat des Hasses gegen die säkulare und demokratische Wertegemeinschaft. Dabei handelt es sich häufig um radikale Imame, die in islamischen Ländern, allen voran Saudiarabien, ausgebildet und von diesen bezahlt werden. Sie versuchen, der muslimischen Community in der aufgeklärten Diaspora einen rückständigen, intoleranten und letztlich politischen Islam schmackhaft zu machen. Dabei stossen sie bei nicht wenigen, zumeist perspektivlosen und an den Rand gedrängten jungen Muslimen auf Gehör.

Die Bundeszentrale für politische Bildung (BpB) unterteilt den Islamismus in zwei Hauptgruppen: den jihadistischen Islamismus und den institutionellen Islamismus. Der ideologische Ursprung dieser beiden Gruppen geht auf das Streben nach Reformen zurück, das im 20. Jahrhundert seinen Anfang nahm. Die Gründung der Muslimbruderschaft durch den ägyptischen Volksschullehrer Hasan al-Banna im Jahre 1928 legte quasi den Grundstein für den Anspruch auch späterer islamistischer Strömungen, Staat und Religion in jeglicher Hinsicht zu einen. Eine schwerwiegende Folge dieses Anspruchs ist ein gesellschaftlicher und politischer Totalitarismus, der sämtliche Errungenschaften der säkularen Welt – Menschenrechte, Pluralismus, Religionsfreiheit und Individualismus – ablehnt. Während der jihadistische Islamismus seine Ziele mit Angriffskrieg und Terrorismus zu erreichen versucht, findet sich der institutionelle Islamismus beispielsweise in Parteien wieder, die auf den politischen Weg setzen. Als Beispiel zu nennen ist die AKP des türkischen Präsidenten Recep Tayyip Erdogan. Gerade die AKP steht exemplarisch für die schleichende Islamisierung einer Regierung, die sich die Mittel der Demokratie, das Mittel der freien Wahlen zunutze macht, um das System nach und nach über den Haufen zu werfen. So zitierte Erdogan bereits im Jahr 1998 als Oberbürgermeister von Istanbul nach einem Gedicht von Ziya Gökalp: «Demokratie ist nur der Zug, auf den wir aufspringen, bis wir am Ziel sind!»

In diesem Zusammenhang fällt auf, dass sich Erdogan seit einiger Zeit ganz bestimmte Merkmale angeeignet hat, die er bewusst und aus Kalkül einsetzt, um die Nähe zu sowohl islamistischen als auch ultranationalistischen Kreisen zu demonstrieren. So hat er etwa Solidarität zu den fundamentalistischen Muslimbrüdern in Ägypten bekundet, als er im August 2013 deren Handzeichen, den sogenannten Rabia-Gruss, übernahm – kurz nach der Niederschlagung der Proteste im Istanbuler Gezi-Park gegen Erdogans Absicht, die Anlage in eine osmanisch-historische Kaserne umzubauen.

Ebenfalls immer häufiger taucht bei AKP- und Erdogan-Anhängern der nach oben gestreckte Zeigefinger (Tauhīd-Zeichen) auf, ein Symbol der Einheit und Einzigartigkeit Gottes, das bei IS-Kämpfern eine militante Bedeutung erhalten hat.

Die Legitimation für ihre Bestrebungen glauben Islamisten wie Erdogan aus dem Koran ziehen zu können, da in der Tat der Prophet Mohammed nach den mekkanischen Offenbarungen und der Hidschra, der Flucht Mohammeds und seiner Anhänger nach Medina, vermehrt als Feldherr und Eroberer in Erscheinung trat. Darüber hinaus lässt der Koran aufgrund vereinzelter Botschaften den Schluss zu, dass der Islam den absoluten Anspruch, die «einzig wahre» Religion zu sein, erhebt. Entsprechend intolerant tritt der Islam gegenüber anderen Glaubensformen auf. So heisst es im Koran: «Du wirst ganz gewiss finden, dass diejenigen Menschen, die den Gläubigen am heftigsten Feindschaft zeigen, die Juden und diejenigen sind, die (Allah etwas) beigesellen. Und du wirst ganz gewiss finden, dass diejenigen, die den Gläubigen in Freundschaft am nächsten stehen, die sind, die sagen: ‹Wir sind Christen.› Dies, weil es unter ihnen Priester und Mönche gibt und weil sie sich nicht hochmütig verhalten» (Sura 5/82). «Die Juden sagen: ‹Uzair ist Allahs Sohn›, und die Christen sagen: ‹Al-Masih ist Allahs Sohn.› Das sind ihre Worte aus ihren (eigenen) Mündern. Sie führen ähnliche Worte wie diejenigen, die zuvor ungläubig waren. Allah bekämpfe sie! Wie sie sich (doch) abwendig machen lassen!» (Sura 9/30).

Woher kommt das Phänomen des islamischen Radikalismus/Extremismus, das sich im Zug der Kolonialherrschaft europäischer Grossmächte in der afrikanisch-arabischen Welt herauszukristallisieren begann? Es hängt vor allem mit einem Bewusstsein der Rückständigkeit zusammen, das sich aufgrund der Fremdherrschaft durch die besagten Grossmächte in der muslimischen Welt ausbreitete. Die Europäer brachten nicht nur ihre Wert- und Glaubensvorstellungen mit, sondern versuchten auch, diese meistens unter Einsatz von Zwang und Gewalt durchzusetzen. Das reichte von «moderner» Versklavung der indigenen Völker über die oftmals brutale Missionierung durch christliche Priester bis hin zu willkürlichen Grenzziehungen, die vornehmlich zwischen dem britischen Empire und Frankreich beschlossen wurden, um das Land unter sich aufzuteilen. Insofern muss man sich nicht wundern, wenn der Hass gegenüber den Kolonialisten stetig wuchs, plünderten diese doch neben der Oktroyierung ihrer «Werte» die betroffenen Länder, ja ganze Kontinente gnadenlos aus. Der Reichtum an Rohstoffen in der afrikanischen, arabischen und asiatischen Welt fand den Weg kontinuierlich in die auf europäischem und nordamerikanischem Boden sich entwickelnde Industrialisierung, deren rasantes Wachstum ohne die Ausbeutung der besetzten Kontinente in dieser Form wohl nicht möglich gewesen wäre. Die Folgen dieser Eroberungspolitik sind in nahezu sämtlichen Staaten bzw. künstlichen Staatsgebilden dramatisch spürbar. Gewaltherrschaft, Krieg, Hungersnöte und Infektions- sowie Geschlechtskrankheiten grassieren in einem Ausmass, wie es Europa seit Jahrhunderten überwunden hat.

Ein weiterer Grund für das Bewusstsein der Rückständigkeit in der muslimischen Welt liegt in der einst glorreichen Zeit des Islam, der während Jahrhunderten in sämtlichen Bereichen der Wissenschaften führend war, während das mittelalterliche christliche Europa das Wissen aus der Antike fast bis zur Gänze vergessen hatte. Die Verhältnisse waren also genau umgekehrt, sowohl auf der Iberischen Halbinsel, die zwischen 711 und 1492 unter muslimischer Herrschaft stand, als auch im Osmanischen Reich (1299–1922), das sich vom Balkan über den Nahen Osten bis nach Ägypten erstreckte und die Geschicke über 600 Jahre lang bestimmte.

Was das ohnehin fragile Verhältnis zwischen Muslimen und Christen bis heute am nachhaltigsten prägt und indirekt auch zum politischen Islam beigetragen hat, geht auf den ersten Kreuzzug und die Einnahme der für Juden, Christen und Muslime heiligen Stadt Jerusalem im Jahr 1099 zurück. Die Franken, wie die christlichen Invasoren von den Muslimen bezeichnet wurden, richteten nach der Eroberung der Stadt ein Massaker unter den Einwohnern an, wobei sie keine Rücksicht auf Männer, Frauen und Kinder nahmen – egal, welchem Glauben sie angehörten. Dem entfesselten Blutrausch nach drei Jahren voller Strapazen und Kämpfe, bei denen zahlreiche Kreuzritter den Tod fanden, fiel nahezu die gesamte Stadtbevölkerung zum Opfer. Deshalb bezeichnen Islamisten die Europäer noch heute als «Kreuzfahrer», wenn sie auf die aktuellen Kriege Bezug nehmen.

Die «Gegenreaktion» erfolgte Jahrhunderte später in Form von Terroranschlägen auf westliche, insbesondere amerikanische Einrichtungen, zuerst ausserhalb der USA, später auch in den USA selbst. Beim ersten Anschlag auf das World Trade Center 1993, bei dem sechs Menschen den Tod fanden, hatte das Terrornetzwerk al-Kaida die Fäden gezogen, das fünf Jahre zuvor vom saudiarabischen Spross einer reichen Bauunternehmerfamilie und ehemaligen Afghanistankämpfer Usama bin Ladin ins Leben gerufen worden war.

Die sowjetische Intervention im Land am Hindukusch (1979–1989) leistete der Bildung von muslimischen Guerillagruppen Vorschub, die sich mit den atheistischen Idealen der zuvor durch einen Staatsstreich an die Macht gekommenen kommunistischen Volkspartei nicht identifizieren wollten. Aufgrund der Gegenwehr der Gotteskrieger, der sogenannten Mujahedin, griffen die Sowjets in den Konflikt ein, zumal sie ihren Einfluss auf den Mittleren Osten auszudehnen gedachten und Afghanistan als Satellitenstaat an sich binden wollten. Ironie der Geschichte ist, dass ausgerechnet der amerikanische Geheimdienst CIA – der Kalte Krieg war noch nicht zu Ende – die Gotteskrieger mit Waffen ausrüstete; Krieger, die sich später al-Kaida und Usama bin Ladin anschlossen und die USA zu ihrem Hauptfeind auserkoren.

Der Zweite Golfkrieg, die Bezwingung des Regimes Saddam Husseins nach dessen Eroberung Kuwaits 1990, vollendete den Radikalisierungsprozess vieler ehemaliger Afghanistankämpfer, welche die vom saudischen Königshaus begünstigte Präsenz amerikanischer Truppen auf islamischem Boden nicht tolerierten. Im Zug dieser Entwicklung wuchs bin Ladins al-Kaida zu einer ernst zu nehmenden Gefahr für die ohnehin schon angespannte Lage in der Region heran, denn bin Ladin hatte in der Zwischenzeit den USA den Krieg erklärt. Unterstützung fand der zukünftige «Terrorpate» bei der ägyptischen Organisation al-Jihad des Chirurgen und heutigen Chefs von al-Kaida, Aiman az-Zawahri. Al-Jihad war etwa verantwortlich für die Sprengstoffanschläge auf die US-Botschaften in Nairobi (Kenia) und Daressalam (Tansania) 1998, bei denen 224 Menschen starben.

Als die islamistischen Taliban, die sich ebenfalls zumeist aus Guerillakämpfern aus Zeiten des Kriegs gegen die Sowjetunion zusammensetzten, unter ihrem Führer Mohammed Omar 1996 die afghanische Hauptstadt Kabul eroberten, bot die Terrorherrschaft Omars ideale Voraussetzungen für al-Kaida, im Land Trainingslager zu errichten. In einem dieser Lager wurden beispielsweise der Ägypter Mohammed Atta und der Libanese Ziad Jarrah, zwei der Todespiloten der Terroranschläge vom 11. September 2001, auf ihre Einsätze in den USA vorbereitet.

Infolge der Attentate vom 11. September 2001, die rund 3000 Menschen das Leben kosteten, startete die Bush-Administration zunächst eine militärische Intervention in Afghanistan mit dem Ziel, bin Ladins habhaft zu werden. Vor allem die topografische Beschaffenheit des Landes mit dem künstlich angelegten Höhlensystem Tora-Bora, wo die amerikanischen Streitkräfte den Aufenthalt bin Ladins vermuteten, erschwerte die Suche erheblich, sodass die Operation am Ende zu keinem Erfolg führte – mit Ausnahme des Sturzes der Taliban und eines Krieges, der in Teilen des Landes bis heute andauert.

Die grösste Katastrophe aber wurde mit dem Irakkrieg eingeleitet, nachdem die USA den Irak fälschlicherweise der Herstellung von Massenvernichtungswaffen bezichtigt hatten. Im März 2003 begannen die Amerikaner mit Unterstützung zahlreicher Länder, der sogenannten Koalition der Willigen, mit der Bombardierung der Hauptstadt Bagdad – ungeachtet der Verweigerung eines Mandats durch den UN-Sicherheitsrat. Obschon Diktator Saddam Hussein einige Monate nach seiner Flucht gefasst und drei Jahre später nach einem Gerichtsverfahren hingerichtet wurde, endete der Einsatz der Koalition in einem Desaster. Es wurden gar Verbrechen gegen die Menschlichkeit seitens mehrerer amerikanischer Militärangehöriger begangen, hierbei vor allem Folterungen von Gefangenen. Das Land versank in einem Strudel von Gewalt, der der Bildung von islamistischen Gruppierungen massiv Vorschub leistete.

So trat nach dem Sturz Saddam Husseins im Irak wiederum al-Kaida auf den Plan und profitierte von den Gräben zwischen Sunniten und Schiiten, die im Zug des Chaos nach dem

Angriffskrieg der USA immer tiefer wurden, was zwischen 2005 und 2007 schliesslich in einen Bürgerkrieg mündete. Die Erosion der staatlichen Strukturen begünstigte die Entwicklung des islamistischen Terrorismus insofern, als neue Führungsfiguren wie der Jordanier Abu Mus'ab az-Zarqawi in Erscheinung treten konnten und überregional Angst und Schrecken verbreiteten. Der Chef des Al-Kaida-Ablegers im Irak wurde insbesondere durch seine bestialischen Taten, für die er sogar vom Stellvertreter bin Ladins, Aiman az-Zawahri, gerügt wurde, an Zivilisten und ausländischen Presseschaffenden bekannt, bis er 2006 mit einem gezielten Luftschlag von den Amerikanern getötet wurde.

Nach dem Ableben az-Zarqawis setzte eine Entwicklung ein, die sich vermutlich auch Experten für die politische Situation in Nahost kaum vorstellen konnten; jedenfalls nicht in dem Ausmass, wie sich in den folgenden Jahren zeigen sollte.

Bereits 2003 begann eine sunnitische Miliz (deren Ursprung auf az-Zarqawi zurückgeht), die sich aus früheren Offizieren des Saddam-Regimes zusammensetzte, zunächst vom Irak aus Terroranschläge zu verüben. In dieser ersten Zeit nannte sich die Organisation al-Kaida im Irak (AQI), danach Islamischer Staat im Irak (Isi), ab 2011 Islamischer Staat im Irak und Syrien (Isis), da die Aktivitäten der Terrormiliz nun auch auf das durch einen Bürgerkrieg destabilisierte Syrien ausgedehnt wurden. 2014 erfolgte die – vorläufig – letzte Umbenennung in Islamischer Staat (IS). Damit einher ging die Proklamation eines Kalifats unter dem ehemaligen irakischen Koranwissenschaftler Abu Bakr al-Baghdadi, seit 2010 IS-Führer, für dessen Ergreifung die Amerikaner 25 Millionen US-Dollar ausgesetzt haben.

2. Die Islamisten und ihre Ausbreitung

Gefahr aus dem Balkanraum

Laut dem Schweizer Kriegsreporter Kurt Pelda, der sich schon mehrmals in Syrien aufgehalten hat, ist der Islamische Staat seit einiger Zeit dabei, in Europa – insbesondere in den Balkanländern Bosnien und Kosovo – Basen zu bilden. Sinn und Zweck ist auf der einen Seite die Rekrutierung von jungen desillusionierten Muslimen unter anderem mit finanziellen Lockmitteln, um die brüchigen demokratischen Strukturen in besagten Ländern durch den politischen Islam zu ersetzen. In einigen Regionen sind die Islamisten bereits erfolgreich gewesen und dominieren ganze Städte und Gemeinden. Deren Einwohner sowie gemässigte Politiker, Justiz und Polizei wurden sowohl mit Einschüchterungen und Drohungen «zur Räson» gebracht als auch gekauft. Auf der anderen Seite steht freilich die Absicht dahinter, zukünftige Terroristen auszubilden, die in ganz Europa eingesetzt werden sollen, und «failed states» wie Bosnien und Kosovo bieten sich geradezu an.

Die religiöse Lage vor dem Bürgerkrieg in Jugoslawien zu Beginn der 1990er-Jahre war noch relativ entspannt. Unter Josip Broz «Tito», der das Land zwischen 1945 und 1980 eisern zusammenhielt, wurden alle nationalistischen und auf religiöser Ebene fundamentalistischen Tendenzen bereits im Keim erstickt. Kein Teilstaat des künstlichen Gebildes «Jugoslawien», ob Slowenien, Kroatien, Bosnien-Herzegowina, Serbien, Montenegro oder Mazedonien, sollte die Macht über die anderen erlangen, weshalb Tito bemüht war, das Gleichgewicht zwischen den einzelnen Republiken aufrechtzuerhalten. Solange der kommunistische ehemalige Partisanenführer lebte, schien dies auch ganz gut zu funktionieren, und im Gegensatz zu den meisten sowjetischen

Satellitenstaaten (Tito hatte sich bereits 1948 von Stalin losgesagt) zeichnete sich Jugoslawien durch einen «liberalen» Sozialismus aus, wodurch beispielsweise die Tourismusindustrie angekurbelt und wirtschaftlichen Unternehmen und Betrieben ein gewisses Mass an Selbstverwaltung zugestanden wurde. Nach Titos Tod 1980 und in Ermangelung eines ebenso charismatischen wie auch schlicht fähigen Nachfolgers wurde offenbar, wieso die Teilrepubliken mit harter Hand in einem Verbund geführt worden waren: Nationalistische und religiöse Ressentiments zwischen orthodoxen und katholischen Christen sowie Muslimen kamen binnen kurzer Zeit zum Vorschein und stürzten den jugoslawischen Staat in eine politische Krise, die um und nach 1990 zur Zersplitterung des Landes und schliesslich zum Bürgerkrieg führte.

In diesem Zusammenhang muss festgehalten werden, dass die religiöse und politische Unterdrückung durch ein Regime nicht die einzige Option darstellt, gerade religiöse Konflikte und die Hinwendung zum Fundamentalismus zu verhindern. Das ist nicht nur falsch, sondern wäre in der Tat eine Kapitulation des demokratischen Rechtsstaats vor Extremisten.

Die Islamisierung der heutigen Balkanstaaten bzw. des alten Jugoslawien vor dem Bürgerkrieg setzte am Ende des 14. Jahrhunderts ein, als die Osmanen (Türken) ihre Politik der gewaltsamen Expansion auf das Gebiet im Südosten Europas ausdehnten. In den knapp 100 Jahren davor hatten die muslimischen Osmanen, deren Name auf den anatolischen Stammesführer und Begründer des späteren Riesenreichs Osman zurückgeht, weite Teile des Byzantinischen Reiches erobert. Nachdem sie zunächst Mazedonien und dann Bulgarien überrannt hatten, standen sie im Juni 1389 vor den Toren Serbiens und schlugen Fürst Lazar Hrebeljanovic und dessen Heer in der legendären Schlacht auf dem Amselfeld im heute unabhängigen Kleinstaat Kosovo. Für die Serben stellt diese Niederlage bis heute ein nationales Trauma dar, das vor allem nationalistische Kreise zu einer Art «Negativ-Sieg» verklärten, und sie erhoben ausgerechnet den Tag des Gefechts, den 28. Juni, zum Nationalfeiertag. Es ist denn auch ein Ausdruck eines mythologisch anmutenden Geschichtsverständnisses, das auf dem festen Glauben an einen Opfergang fusst, woraus quasi der Absolutheitsanspruch eines «Himmelsvolks» erwuchs. Dazu trug freilich auch die Tatsache bei, dass der Untergang des serbischen Reiches ausgerechnet in Kosovo eingeläutet wurde, der Wiege der serbischen Geschichte, wo sich Hunderte von Klöstern und Kirchen befinden. Gerade im Vorfeld und vor allem während des Bürgerkriegs in den 1990er-Jahren bemühten etliche Politiker aus verschiedenen Lagern das Klischee des himmlischen Volkes und weckten in vielen Menschen einen Nationalstolz, der ihnen selbst zum Verhängnis werden sollte.

In den Jahrzehnten nach dem Sieg über Serbien setzten die Osmanen ihren Eroberungszug kontinuierlich fort und stiessen immer weiter nach Norden vor, bis sie 1463 die Stadt Jaice in Zentralbosnien einnahmen und daselbst den letzten König des Landes, Stjepan Kotromanic, töteten. Nur zehn Jahre zuvor hatten sie ihren Feldzug auf byzantinischem Boden mit dem Fall der uralten und bedeutungsschwangeren Metropole Konstantinopel gekrönt und die über 1000-jährige christliche Herrschaft beendet. Der Verlust des Wahrzeichens des Oströmischen Reiches an die muslimischen Osmanen wog schwer im christlichen Europa, umso mehr, als die Spanier seit geraumer Zeit schon damit beschäftigt waren, die «Reconquista», die Rückeroberung der Iberischen Halbinsel von den Mauren, voranzutreiben. Tatsächlich entbehrt es nicht einer gewissen Ironie, dass praktisch zum selben Zeitpunkt, als der Sturm der Osmanen über den Balkan fegte, die jahrhundertealte islamische Hochkultur des maurischen Spanien zusammenbrach. 1492 fiel mit Granada die letzte Bastion, jener Ort, wo im Jahre 711 nach Christus die Herrschaft der Mauren in Europa begonnen hatte.

Die Osmanen gaben sich mit der Eroberung des gesamten Balkans freilich nicht zufrieden, waren sie doch von einem militärischen Erfolg zum nächsten geeilt. Nun machten sie sich daran, auch die Mächte in Mittel- und Osteuropa, namentlich die Habsburger, herauszufordern. Zu diesem Zweck zogen sie 1529 mit einem riesigen Heer unter Führung von Sultan Suleiman II. vor die Residenzhauptstadt des Habsburgerreiches Wien und belagerten diese während dreier Wochen. Obschon die Osmanen etliche Vorstösse unternahmen, um die Stadt zu stürmen, scheiterten sie an den vereinten Kräften des Heiligen Römischen Reiches, das von einem spanischen Kontingent unterstützt wurde. Dieser sogenannten Ersten Wiener Türkenbelagerung folgte 1683 eine zweite, die ebenfalls misslang und den türkisch-österreichischen Krieg auslöste. Die Habsburger drängten die Osmanen bis weit nach Serbien zurück, mussten den Feldzug jedoch einstellen, weil ein Angriff des französischen Königs Ludwig XIV. im Rheinland den habsburgischen Kaiser Leopold I. dazu nötigte, den Grossteil seines Heers an die Westgrenze des Reiches zu verschieben. Dadurch gewannen die osmanischen Streitkräfte wieder die Oberhand und verdrängten nun ihrerseits die Reste der kaiserlichen Armee, der sich im Verlauf des Krieges zahlreiche Serben angeschlossen hatten, welche die Habsburger als Befreier sahen und diese im Kampf gegen ihre Besatzer unterstützten. Weil die Serben in Kosovo nach dem Abzug des kaiserlichen Heeres Repressalien durch die Osmanen befürchteten, verliessen rund 40 000 von ihnen ihre Heimat und flohen mit dem Patriarchen der serbisch-orthodoxen Kirche in die heutige Vojvodina an der ungarischen Grenze. Leopold I. versah sie mit dem Privileg der freien Religionsausübung, die ihnen bereits die Osmanen zugestanden hatten.

Dieser Exodus von 1690 hatte unter anderem zur Folge, dass die Osmanen Zehntausende von albanischen Familien in Mazedonien und Kosovo ansiedelten, während kaum noch Angehörige der serbischen Volksgruppe vorhanden waren. Die demografische Entwicklung in dieser Zeit erklärt auch, warum es in Mazedonien heute noch eine grosse albanische Diaspora gibt und warum Kosovo grossmehrheitlich von Albanern bewohnt wird – und weshalb die ehemalige serbische Provinz selbst nach der internationalen Anerkennung ihrer Unabhängigkeit nach wie vor ein grosses Potenzial für Unruhen aufweist, zumal die ansässige serbische Minorität sowie das Mutterland Serbien die Unabhängigkeit des Kosovo vermutlich niemals akzeptieren werden.

Der Kosovokrieg, der in den Jahren 1998 und 1999 stattfand, löste eine weitere Massenbewegung aus. Im Zug des Vertreibungskriegs der serbischen bzw. jugoslawischen Armee gegen die albanische Bevölkerung flohen rund 375 000 Kosovo-Albaner nach Albanien, 150 000 nach Mazedonien und Zehntausende unter anderem nach Österreich, Deutschland und in die Schweiz. Ungefähr seit 1999 gedeiht der islamische Fundamentalismus besonders innerhalb eines Teils dieser albanischen Diaspora. Erstaunlich hierbei ist die Tatsache, dass die meisten muslimischen Albaner in Kosovo ihrer Religion keinen expliziten Wert beimessen. Die überwiegende Mehrheit orientiert sich an säkularen Wertvorstellungen und praktiziert den Glauben bestenfalls marginal, ähnlich wie die meisten Angehörigen einer Landeskirche. Insofern stehen sie der Frömmigkeit, geschweige denn dem religiösen Extremismus, kritisch bis ablehnend gegenüber, was wiederum auch auf die grosse Mehrheit von Menschen zutrifft, die in eine katholische oder protestantisch-reformierte Familie hineingeboren werden. Evangelikale Christen etwa können sich in der europäischen säkularen Gesellschaft durchaus entfalten, werden jedoch in der Regel völlig ignoriert.

Dass der relativ liberale Umgang mit der eigenen Religion gerade in Kosovo ausgeprägt ist und – bislang – auch verteidigt wird, verdeutlicht der Fall des Hasspredigers Irfan Salihu, Imam in der Stadt Prizren. Salihu verlor wegen seiner radikalen und menschenverachtenden Predigten die Stelle. Die Entlassung erfolgte aufgrund einer Intervention kosovarischer Politikerinnen, nachdem er die Äusserung von sich gegeben hatte, wonach Frauen, die unverheiratet seien und dennoch intime Beziehungen unterhielten, von den Männern «entsorgt» werden sollten wie gebrauchte Taschentücher.

Die Teilrepublik Bosnien-Herzegowina ihrerseits wurde während des jugoslawischen Bürgerkriegs zum Hauptschauplatz der blutigen Auseinandersetzungen zwischen Serben, Kroaten und den bosnischen Muslimen, welche die Mehrheit der Bevölkerung stellten. Während Titos Herrschaft lebten die verschiedenen ethnischen Gruppen mehr oder weniger friedlich neben- und sogar miteinander; Mischehen zwischen den orthodoxen Serben, den katholischen Kroaten und muslimischen Bosniaken waren keine Seltenheit. Vereinzelte religiöse Fundamentalisten wie der spätere Präsident Bosniens und der Herzegowina Alija Izetbegovic, aber auch Nationalisten wie der Serbe Vojislav Seselj und auch der spätere kroatische Staatschef Franjo Tudjman wurden zur Zeit Titos in ihrem jeweiligen Aktivismus massiv unterdrückt und landeten gar im Gefängnis. Zweifellos legten alle Akteure durch ihre politische und publizistische Tätigkeit bereits vor dem Auseinanderbrechen Jugoslawiens den Grundstein für die kommenden Jahre voller Hass, Gewalt, Nationalismus und die schlimmsten Kriegsverbrechen auf europäischem Boden seit dem Zweiten Weltkrieg.

Im Zug der Kriegshandlungen auf bosnischem Gebiet, die geprägt waren von ethnischen Säuberungen, unbeschreiblichen gegenseitigen Massakern an der Zivilbevölkerung und Orgien der Zerstörung, bildeten sich erste islamistische Verbände in verschiedenen Gebieten Bosniens. Geführt wurden sie unter anderem von lokalen Warlords, die sich im Lauf des Krieges genauso zahlreicher Verbrechen gegen die Menschlichkeit schuldig gemacht haben wie die anderen Kriegsparteien, auch wenn die politische Verantwortung beim erwähnten Aktivisten Alija Izetbegovic lag. Der Vorsitzende der Partei der demokratischen Aktion trug darüber hinaus entscheidend dazu bei, dass islamistische Söldner aus etlichen Staaten der arabischen Welt rekrutiert wurden, auf deren Konto unzählige Gemetzel an der serbischen und kroatischen Bevölkerung gingen. Viele von diesen Söldnern liessen sich nach dem Krieg in Bosnien nieder und begannen systematisch mit dem Aufbau einer islamistischen Community, die zunächst nur schleichend, dann aber immer offensichtlicher die Städte und Gemeinden in vielen Teilen des Landes mit ihrem extremistischen Kurs nach saudiarabischem Vorbild unterwanderte und dies auch weiter tut.

In Kosovo, Bosnien und Mazedonien hatten junge Menschen nach dem Krieg kaum Zukunftsperspektiven. Religiöse und politische Extremisten stossen bei dieser hoffnungslosen Generation auf fruchtbaren Boden. Es handelt sich bei diesen Extremisten um Menschen, die am Krieg (sowohl zu Beginn der 1990er-Jahre als auch 1999) selbst teilgenommen oder ihn zumindest erlebt haben oder sogar aus Kriegsgebieten wie etwa Afghanistan einreisten, weil sie die Chance sahen, die kriegszerstörten Länder in einen nach islamischem Recht funktionierenden Staat umzuwandeln. Auch die Monarchien am Golf erkannten diese Gelegenheit und investierten vor allem in Moscheen und Koranschulen. Die jungen Leute werden mit Versprechungen auf ein besseres Leben geködert und vielerorts finanziell unterstützt, indem etwa Frauen Zuwendungen erhalten, wenn sie sich bereit erklären, den Nikab, den Gesichtsschleier, zu tragen. Angesichts der Höhe dieser regelmässigen Zuwendungen, die mitunter der Höhe eines ganzen Monatslohns entsprechen, kann man sich vorstellen, wie verlockend solche «Angebote» gerade für Arbeitslose sind.

Die Militanz der Wahhabiten

Begonnen hatte der Siegeszug der saudischen Interpretation des Islam, des Wahhabismus, vor über 200 Jahren, als der islamische Gelehrte und Namensgeber Muhammad ibn 'Abd al-Wahhab die «reine» Lehre der dritten monotheistischen Religion verkündete; eine Lehre, die sich streng an Koran und Sunna (nach dem Koran die zweite Quelle der islamischen Rechtsprechung) orientiert. Das bedeutet nichts anderes als die wortgetreue Umsetzung der Ver- und Gebote und drakonische Strafen bei Zuwiderhandlung; eine Praxis, die auf der Arabischen Halbinsel zur Staatsdoktrin gehört wie die beabsichtigte Ausdehnung des Wahhabismus in jeden Winkel der Erde.

Seit dem Ende des Sozialismus auf dem Balkan und dem darauffolgenden Zerfall Jugoslawiens sind die religiösen Führer in der Lage, im Ausland ein theologisches Studium aufzunehmen, weshalb es viele nach Saudiarabien, der «Wiege des Islam», zieht. Dort, beispielsweise an den Universitäten von Mekka und Medina, werden sie mit der wahhabitischen Staatsreligion vertraut gemacht und entsprechend ausgebildet, sodass sie radikalisiert nach Europa zurückkehren mit dem Ziel, den Wahhabismus bzw. Salafismus gesellschaftsfähig zu machen. Die Salafisten (arab. die Altvorderen) sind bestrebt, den Islam von jeglichen fremden Elementen zu reinigen und den Idealzustand wiederzuerlangen, der nach ihrer Auffassung zur Zeit der islamischen Urgemeinde in Medina vorgeherrscht haben soll. Sie haben sich in den vergangenen Jahren vor allem in Deutschland vermehrt bemerkbar gemacht durch öffentliche Standaktionen, sogenannte Koranverteilungen, um für ihre radikale Auslegung des Islam zu werben (vgl. Kapitel 5).

Mittlerweile werden Heerscharen von wahhabitischen Predigern und Imamen aus der albanischen Diaspora Kosovos, Bosniens und Mazedoniens in Saudiarabien ausgebildet und vor allem in Europa eingesetzt. Sie sind derweil in der Pflicht, den «wahren» Islam zu predigen und die Gläubigen zu ermuntern, streng nach Scharia (islamisches Gesetz) und Koran zu leben und sowohl die Werte der europäischen Gesellschaften als auch deren Gesetze zu missachten, wenn nicht gar dagegen anzukämpfen. 2006 hielt das schweizerische Bundesamt für Migration in einem Bericht fest, dass «es bei einer Minderheit der Imame vorkommen könne, dass sie radikale Reden hielten, welche der Integration von Ausländern des muslimischen Glaubens entgegenwirkten. Es bestehen Indizien, wonach mindestens acht Imame in einem Dutzend Moscheen in der Schweiz eine radikale Auslegung des Islams predigen». Dabei berufen sich gewisse arabische Länder auf die sogenannte Resolution von Strassburg aus dem Jahr 1975. Es handelt sich dabei um ein Abkommen der Association Parlementaire pour la Coopération Euro-Arabe (APCEA), das unter dem Druck der Ölkrise 1973 den damaligen neun Ländern der Europäischen Wirtschaftsgemeinschaft (EWG) aufgezwungen wurde (Bat Ye'or, 2012). Darin ist unter anderem festgehalten, dass es im Gegenzug für vernünftige Erdölpreise Menschen aus dem arabisch-islamischen Raum erlaubt sein soll, nach Europa zu kommen, um dort einer Arbeit nachzugehen. Diesen Einwanderern soll insbesondere das Recht zugestanden werden, ihre Religion und ihre Traditionen frei auszuüben und den Bezug zu ihrem Herkunftsland aktiv aufrechtzuerhalten. In diesem Sinn sind auch die Aktivitäten der Organisation für islamische Kooperation (OCI) und ihrer 57 Länder starken Unterorganisation Islamische Organisation für Erziehung, Wissenschaft und Kultur (ISESCO) mit Sitz in Rabat, Marokko, zu verstehen, die sich ebenfalls der Muslime in Europa via bestehende Moscheen annehmen. Auch dulden wir heute die Aktivitäten des in Dublin basierten und der Muslimbruderschaft zuzuordnenden Europäischen Rats für Fatwa und Forschung (ECFR), der ganz offen die soziale Integration der Muslime in Europa verhindern möchte und angeführt wird vom Hassprediger Yusuf al-Qaradawi in Katar, der im September 2004 verkündete: «Die Entführung und das Töten von Amerikanern im Irak ist eine religiöse Pflicht, um sie zu veranlassen, den Irak sofort zu verlassen.»

Nicht selten gehen radikalislamische Absichten von wahhabitischen Akteuren mit Repressionen einher, und selbst hohe Beamte, ob Polizisten, Richter oder auch Politiker, werden eingeschüchtert und bedroht, manche sogar ermordet. Der kosovarische Journalist und ausgebildete Imam Visar Duriqi schilderte in einem Interview mit der *Zeit* vom 19. Januar 2016, wie er infolge seiner Recherchen über die Rekrutierung von IS-Kämpfern massive Bedrohungen erfuhr und einem Attentat nur deshalb entkam, weil der kosovarische Geheimdienst davon Wind bekommen hatte. Dennoch verliess Duriqi seine Heimat, da sein Misstrauen gegenüber dem Staat zu gross und die Bitte um Personenschutz von den Behörden ignoriert worden war. Zudem, so Duriqi, würden die Sicherheitsbehörden systematisch von Islamisten unterwandert, welche die Extremisten vor Verhaftung und Strafverfolgung schützten, und der Staat sei zu schwach, um dagegen vorzugehen.

Bestrebungen von politischer Seite, bis hinauf zum ersten Ministerpräsidenten in der Geschichte des jungen Staates Kosovo, Bajram Rexhepi, der Bildung extremistischer Gruppierungen Einhalt zu gebieten, wurden von Beamten der UN-Mission verhindert. Rexhepi wollte die Unterbindung islamistischer Umtriebe per Gesetz verordnen, was von besagten Beamten mit Verweis auf die Menschenrechte zurückgewiesen wurde. Sowohl Rexhepi als auch Bexhet Shala, Leiter des Rats für Menschenrechte in Kosovo, erteilen den Vereinten Nationen schlechte Noten, da diese die Gefahr des Extremismus unterschätzten. Diese Fehleinschätzung war ein Meilenstein in der sukzessiven Entfesselung radikalislamischen Gedankenguts. Ihre Folgen sind heute in vielen europäischen Staaten zu spüren – im Besonderen auch in der Schweiz.

Ein grosser Artikel des Religionsexperten Michael Meier im *Tages-Anzeiger* vom 4. Juni 2016 legt eindeutig dar, welches Bild albanische, kosovarische oder auch mazedonische Imame in Schweizer Moscheen vermitteln und welche Ziele sie dabei verfolgen. So predigt zum Beispiel der Wetziker Imam Bashkim Aliu regelmässig über den Kampf gegen jegliche Laster und Sünden und ruft auch mal zum Jihad auf, während sein Amtskollege Ferit Zekiri aus Regensdorf den Islam zum Opfer hochstilisiert. Beide Imame wurden an der Universität von Medina ausgebildet und holen zwecks Abhaltung von Seminaren immer mal wieder salafistische Prediger aus Mazedonien und Kosovo in die Schweiz. Deren Forderungen sind ziemlich eindeutig, wie die Website des mazedonischen Imams Omer Berisha zeigt: Berisha verlangt den öffentlichen Gebetsruf, fünfmaliges Beten an den Schulen, gesetzliche Feiertage für Muslime und gar Konversionen. Ebenfalls zu Wort kommt ein weiterer mazedonischer Imam, Irfan Jahiu, der dort gegen Homosexuelle und deren «widernatürliches Verhalten» hetzt. Jahiu genoss seine Ausbildung zum wahhabitischen Imam in der saudischen Hauptstadt Riad und hat auch bereits in der Meshira-Moschee im Walliser Hauptort Brig gegen die Sündhaftigkeit von Muslimen gewettert.

Diese Vorgehensweise entspricht exakt den Aussagen des Genfer Terrorexperten Jean-Paul Rouiller, der in einem Interview mit der *Neuen Zürcher Zeitung* vom 1. April 2017 bestätigt, dass die Radikalisierung ab einem bestimmten Zeitpunkt immer über die Moscheen stattfindet, weil sich dort, unabhängig davon, ob der Imam konservativ oder liberal ist, stets auch Leute aufhalten, die zumindest Beziehungen zu Salafisten unterhalten oder dieser Szene selber angehören. Rouiller schliesst auch kategorisch aus, dass sich jemand allein über das Internet radikalisiert, denn dazu gehörten immer auch Personen.

Alle diese Leute und noch viele mehr sind in der Schweiz seit einiger Zeit schon im Begriff, den moderaten Islam durch den Wahhabismus zu ersetzen. Die Akteure – vor allem Albaner aus Kosovo und Mazedonien – versammeln sich in der 2012 in Bern gegründeten Union Albanischer Imame in der Schweiz (UAIS), einer Organisation, die sich gegen aussen liberal gibt und stets beteuert, nichts mit dem Islamismus zu tun zu haben. Die Indizien wie etwa Einladungen von radikalen Predigern lassen jedoch einen anderen Schluss zu. So lud beispielsweise der mazedonische Imam aus Aarburg Nehat Ismaili den salafistischen Abgeordneten aus Kosovo Gezim Kelmendi ein und gab ihm und seiner islamistischen Partei FJALA eine grosse Plattform in seiner Moschee in Aarburg sowie in einer Sporthalle in Basel.

Unter dieser Situation leiden jene Muslime, die sich von Islamisten zu distanzieren versuchen, wie beispielsweise der Imam Mustafa Memeti, Leiter des Muslimischen Vereins Bern sowie Präsident des Vorstands des Albanisch-Islamischen Verbands der Schweiz, der sich liberal gibt.

Obschon Mustafa Memeti denselben Bildungshintergrund aufweist wie Bashkim Aliu und Ferit Zekiri und auch in Medina studiert hat, vermittelt der Berner ein völlig anderes Islam-Verständnis. Im Gegensatz zu seinen radikalen Kollegen setzt sich Memeti für den Pluralismus in der Gesellschaft und die strikte Anpassung von Muslimen an die Gesetze des Staats ein. Und er unterstützt das Begehren eines Verbots des Nikabs, womit er eine von ganz wenigen Ausnahmen unter Imamen darstellt. Memeti betrachtet seine Religion als «gefangen von Rückständigen» (Staehelin, watson.ch, 12.10.2016), ein Statement, das nachdenklich stimmt und in Anbetracht der nicht eben wenigen Imame mit radikalem Gedankengut sehr ernst genommen werden muss. Vor allem seit Meldungen über in erster Linie albanische Imame zugenommen haben, die, wie Memeti auch, als Seelsorger in Haftanstalten wirken und die Insassen mit salafistischen Schriften füttern. Exemplarisch hierzu ist der Fall eines albanischen Imams, der regelmässig islamistische Propagandaschriften in das Zürcher Gefängnis Limmattal eingeschleust hat.

Auch viele Moscheen in der Schweiz sind bereits von albanischen Imamen «besetzt», die entweder selber islamistische Tendenzen aufweisen oder ausländische Prediger einladen, die zum Teil ganz offen den Ungehorsam gegenüber der staatlichen Rechtsordnung vertreten. Dazu der deutsche Soziologe Helmut Dahmer: «Bestimmte Moscheen, in denen radikal antiwestliche Prediger zum Heiligen Krieg aufrufen, dienen ihnen als Vorposten und Brückenköpfe einer missionarisch-terroristischen Kolonisation, der sie, in Umkehrung der europäischen Expansion, die Bevölkerung der westlichen Gesellschaften (und Feindstaaten) unterziehen wollen» (medico international, 1.12.2015). Genau diese Prediger müssen bekämpft werden, wo immer sie auftreten. Und sollten sie keine Niederlassungsbewilligung besitzen, gilt es, sie umgehend auszuweisen und mit einem Einreiseverbot zu belegen – mit aller Konsequenz! Darüber hinaus muss der Staat mit aller Härte durchgreifen und einschlägig bekannte Moscheen umgehend schliessen. Doch stattdessen wird fundamentalistischen Organisationen wie der UAIS die Bewilligung erteilt, etwa in Frauenfeld eine neue Moschee zu errichten, deren Spatenstich Ende 2016 erfolgte – in Anwesenheit des höchst umstrittenen Präsidenten der UAIS und Imams der Weissen Moschee in Aarburg, Nehat Ismaili, sowie von Rehan Neziri, Imam in Kreuzlingen, und Bekim Alimi, Imam in Wil, dem nahe Kontakte zu radikalen Kreisen nachgesagt werden. Alimi, der sich auch schon mal mit Antisemiten ablichten liess, wurde aufgrund seiner angeblichen Integrations- und Dialogbemühungen zwischen den Religionen sogar für die Segnung des Gotthardtunnels engagiert, woran erkennbar wird, mit welcher Blauäugigkeit der Staat ausgerechnet auf solch undurchsichtige Imame zugeht.

Welches Gewicht der Eröffnung neuer albanischer Moscheen in der Schweiz in Kosovo und Mazedonien beigemessen wird, zeigt die persönliche Anwesenheit des Grossmuftis von Kosovo Naim Ternava in Plan-les-Ouates bei Genf. Sulejman Rexhepi, der Grossmufti von Mazedonien, reiste seinerseits im Frühjahr 2017 eigens für die Eröffnung der Moschee in Wil an. Er hatte bereits im Sommer 2015 auf Facebook für den Bau der Wiler Moschee geworben. Beide Moscheen sind mit der UAIS verbunden.

Das deutsche Pendant zur UAIS ist die Union der Islamisch Albanischen Zentren in Deutschland (UIAZD). Die Union steht vom nahen Baden-Württemberg aus in regem Austausch mit albanischen Imamen in der Schweiz, wie Fehim Dragusha (Paradies-Moschee, St. Gallen), Amet Memeti (Forum Muslimische Jugend, St. Gallen) oder Bekim Alimi (Wil). Ihre Plattform hareke.de wirbt für die radikalsten Prediger des Balkans.

Umstrittenes Museum in La Chaux-de-Fonds – das Musée des civilisations de l'Islam (MUCIVI)

Es sei ein «unpolitisches» Museum, hiess es bei der Eröffnung des Museums der Kulturen des Islam in La Chaux-de-Fonds. In Wahrheit ist es Teil der europaweiten Infrastruktur zur Stärkung eines politischen Islam durch die Königreiche am Golf (in diesem Fall Kuwait und Katar).

Die Unterwanderung unserer Gesellschaft durch Islamisten vollzieht sich schleichend. Die Vehikel zu ihrer Machtausbreitung wirken nach aussen oft harmlos. Als Ende Mai 2016 in La Chaux-de-Fonds das Museum der islamischen Kulturen eröffnet wurde, waren weder seine Finanzierung noch seine ideologischen Missionsbestrebungen ein Thema. Das Museum zeichnet in einer Dauerausstellung die Geschichte des Islam nach und plant jeweils Wechselausstellungen und Podiumsdiskussionen zu aktuellen Themen, die allen Menschen offenstehen sollen. Es sei ein «unpolitisches» Museum, hiess es vonseiten des wissenschaftlichen Direktors Khaldoun Dia-Eddine. Dass das Museum von privaten Gönnern mit engen Beziehungen zum Machtapparat auf der Arabischen Halbinsel finanziert wird und Teil europaweiter Bestrebungen zur Stärkung eines politischen Islam ist, wurde mit keinem Wort erwähnt und von der Schweizer Öffentlichkeit kaum zur Kenntnis genommen.

Schlüsselfigur des Museums ist dessen Direktorin, Nadia Karmous. Sie pflegt vielfältige Beziehungen zu islamistischen Kreisen. Die gebürtige Algerierin mit französischem Pass lebt seit 17 Jahren in Le Locle und ist Präsidentin der Association culturelle des femmes musulmanes de Suisse. Dort macht man kein Geheimnis aus der Bewunderung, die man etwa für den ägyptisch-schweizerischen Islamisten Tariq Ramadan hegt. So wies man zum Beispiel ausdrücklich auf eine Veranstaltung an der Genfer Buchmesse hin, wo Ramadan zu hören war.

Ramadan ist der 1962 in Genf geborene und aufgewachsene Enkel des Gründers der Muslimbruderschaft, Hasan al-Banna. Besagte Muslimbruderschaft ist eine der einflussreichsten sunnitisch-islamistischen Bewegungen in der islamischen Welt. Gegründet wurde sie 1928 vom Geistlichen und Schullehrer

Hasan al-Banna in Ägypten als Reaktion auf die, wie al-Banna meinte, sich verbreitende Zügellosigkeit innerhalb der muslimischen Gesellschaft. Zugleich trachteten die Muslimbrüder danach, die britische Okkupation im Land zu beenden und einen islamischen Staat aufzubauen. Die Bewegung politisierte sich binnen kurzer Zeit und schlug rasch einen radikalen Kurs ein, indem sie etwa nur ein Staatsoberhaupt akzeptieren würde, dessen Herrschaft mit der Scharia konform geht. Die fundamentalistische Ausrichtung der Bruderschaft wird auch belegt durch ihren «politischen Arm», die Hamas, die bekanntlich immer wieder mit Raketenangriffen gegen Israel in Verbindung gebracht wird. Dass die Hamas ihrerseits vom türkischen Staatspräsidenten Erdogan hofiert wird, deutet zumindest auf Verflechtungen zwischen der Türkei und der Muslimbruderschaft hin.

Interessant zu erwähnen ist in diesem Zusammenhang die Tatsache, dass Aiman Mazyek, der durch seine Auftritte in deutschen Medien bekannt gewordene Vorsitzende des Zentralrats der Muslime Deutschland (ZMD), sich damit brüstet, gemeinsam mit dem Zentralrat der Juden gegen Antisemitismus und Islamophobie zu kämpfen. Fakt ist, dass die sogenannte Islamische Gemeinschaft Deutschland (IGD) im ZMD eingebettet ist und als Ableger der antisemitischen Muslimbrüder in Deutschland fungiert.

Tariq Ramadan setzt den Kurs seines Grossvaters fort. In Oxford doziert er an einem von Katar finanzierten Lehrstuhl über die Religionsfreiheit, meint aber Kulturfreiheit für den Islam. Bei jedem Vortrag rekrutiere der redegewandte Islamist 1000 Personen, warnt der algerische Schriftsteller Boualem Sansal, der den Sieg des Islamismus über den Westen für möglich hält. Der Schweizer Journalist Daniel Binswanger hält in einem Artikel in der *Weltwoche* (Ausgabe 47/2004) fest, der eloquente Redner Ramadan habe im Zug eines Streitgesprächs mit dem damaligen französischen Innenminister Nicolas Sarkozy in Sachen Steinigung von Frauen lediglich von einem Moratorium, also der unbefristeten Aussetzung dieser Todesstrafe nach islamischem Recht, gesprochen. Ramadan sei ein «Wolf im Schafspelz». Und die Islamwissenschaftler Gilles Kepel, Olivier Roy oder Antoine Sfeir attestieren Ramadan Bestrebungen zur Ausbreitung des salafistischen

Islam in Frankreichs Vorstädten; es handle sich hierbei um einen «Fundamentalismus undemokratischer, intoleranter und radikaler Faktur», die der Genfer Islamist Ramadan in sich trage, obwohl er nach aussen stets tolerant und progressiv auftrete. Dass Ramadan kein harmloser «Vermittler» ist, wie er sich selber gerne darstellt, legt schon die Einreisesperre dar, welche die US-Regierung 2005 gegen ihn verhängte. Begründung: Ramadan wurde verdächtigt, eine terroristische Organisation materiell zu unterstützen. Nicht weniger als acht muslimische Länder haben den Enkel al-Bannas bereits auf ihrer Liste mit unerwünschten Personen vermerkt, darunter auch Mauretanien im Nordwesten Afrikas, das Ramadan im Juli 2016 an der Einreise hinderte.

Wenn Museumsdirektorin Karmous auf Ramadans Veranstaltungen hinweist, macht sie Propaganda für dessen extremistisches Gedankengut. Ramadan ist bei radikalen Hasspredigern bestens eingeführt. So ist er neuerdings Mitglied der Internationalen Union Muslimischer Gelehrter, die vom einflussreichen ägyptischen Scharfmacher Yusuf al-Qaradawi präsidiert wird. Al-Qaradawi, der von Doha (Katar) aus sein extremes Gedankengut über den Satellitensender al-Jazira verbreitet, hat zum Beispiel Palästinenser mittels Fatwa zu Selbstmordattentaten gegen Israelis aufgefordert. Auch beschwört er unter anderem über die Social-Media-Plattform Facebook ganz offen den Jihad und dessen Notwendigkeit: «Hauptverantwortliche der Kampagne gegen den Jihad sind die Kreuzritter gegen den Islam. (...) Dann werde ich den Beweis erbracht haben, dass der Jihad bis zur Wiederauferstehung fortgeführt werden muss» (Auszüge aus Originalzitaten al-Qaradawis vom September 2016).

Als Sponsorin des neuen Islam-Museums figuriert die Qatar Charity, eine global aktive Hilfs- und Missionierungsorganisation mit Sitz in Katar. Auch hier hat der von Karmous verehrte Tariq Ramadan die Finger im Spiel. Er leitet bei der Qatar Charity das Scharia-Forschungszentrum. Im Dunstkreis der Charity bewegen sich Personen mit Beziehungen zur Terrorszene. Zum Beispiel Nabil al-Awadi. Er ist als Financier von Terroristen des Islamischen Staats (IS) bekannt, namentlich als Sponsor von Jihadisten in Syrien. Als Geldgeber des Islam-

Museums tritt zudem das kuwaitische Zakat House auf, das «Haus der Almosen». Diese Institution ist nicht nur wegen ihrer Wohltätigkeit bekannt, sondern auch wegen ihrer sehr engen Beziehungen zur islamistischen Hamas, für die sie Geld sammelt. Mit anderen Worten: Dieselben Institutionen, die Terrorgruppen und zu Gewalt aufrufende Organisationen unterstützen, fungieren als Financiers des Islam-Museums in La Chaux-de-Fonds.

Genfer Drehscheibe

Eine der ersten Moscheen, die in Europa mit Geld aus Saudiarabien gebaut wurden, ist diejenige im Genfer Quartier Petit-Saconnex. Die Stiftung, welche die Moschee verwaltet, erhielt vor sechs Jahren 15 Millionen Franken Startkapital vom saudischen Königreich (s. Statuten im Anhang). Der Gründer der Genfer Moschee trägt einen bekannten Namen: Said Ramadan. Er war der Vater von Tariq Ramadan und ein führender Aktivist der Muslimbrüder. 1962 war Said Ramadan in leitender Funktion beteiligt an der Gründung der Islamischen Weltliga, der internationalen muslimischen Organisation. Und er eröffnete eine Reihe von islamischen, von den Regierungen der jeweiligen Länder, z. B. der Türkei oder Kosovo, unabhängigen Zentren. Ihr Ziel: die Islamisierung weltweit (mehr dazu siehe Kapitel 3, «Die Islamische Weltliga und ihre Metastasen»).

Die Genfer Moschee wurde 1978 vom saudiarabischen König Chalid ibn Abdelaziz eingeweiht. Der damalige Bundespräsident Willi Ritschard (SP) liess es sich nicht nehmen, der Feier beizuwohnen. Damit stellte er den Saudis einen Persilschein aus für ihre Bestrebungen, in der Schweiz Fuss zu fassen.

Von Genf aus weitete sich der Einfluss radikalen islamischen Gedankenguts auf die Deutschschweiz aus. Der Marokkaner Youssef Ibram, der von 1983 bis 1993 Imam der grossen Genfer Moschee war, zog nach Zürich an die Rötelstrasse, wo er während zwölf Jahren predigte. Neben seinem Amt als Prediger ist er auch Mitglied des Europäischen Rats für Fatwa und Forschung. Heute ist der überzeugte Wahhabiten-Prediger in der neu erbauten Moschee in Volketswil tätig.

Seit Juli 2015 ist zudem die Europäische Organisation für Islamische Zentren (EOIC) von Genf aus aktiv. Sie bringt saudische und katarische Prediger und Gelehrte mit zahlreichen Leitern saudischer islamischer Kulturzentren in Europa zusammen. Dazu zählt auch der bereits erwähnte Nehat Ismaili, Präsident der Union Albanischer Imame in der Schweiz (UAIS), der etwa 40 albanische Moscheen in der Schweiz unterstehen. Auch die Union erlässt Fatwas – islamische Rechtsgutachten –, nach denen sich die Moscheebesucher zu richten haben. Das selbstdeklarierte Ziel der EOIC ist es, möglichst viele Moscheen und islamische Kulturzentren in Europa zu bauen und die Imame zu finanzieren. So verwundert es nicht, dass immer mehr repräsentative Moscheen im Herzen Europas entstehen. Als Beispiel seien hier nur fünf in der Schweiz erwähnt: Volketswil, Netstal, Wil, Plan-les-Ouates/Genf und bald Frauenfeld. Den Bau des grössten islamischen Kulturzentrums in Europa treiben die Kataris bzw. die Qatar Charity und wiederum al-Qaradawi (beide inzwischen von Saudiarabien des Terrorismus bezichtigt) voran (*L'observatoire du Qatar*, 9.6.2017): des Centre Annour in Mülhausen im Elsass (http://centreannour.org) für ungefähr 12 Millionen Euro.

Naivität der Behörden und falsche Ansprechpartner

Viele Behörden realisieren die engen Verstrickungen zwischen islamischen Fanatikern in der Schweiz nicht und legen im Umgang mit dem organisierten Islam eine eklatante Naivität an den Tag. So nehmen in Zürich die städtischen Behörden die Wahhabiten-Imame und türkischen Islamisten wie Milli Görüs mit dem unverfänglichen Kürzel SIG (Schweizerische Islamische Gemeinschaft), die in der Vereinigung der Islamischen Organisationen des Kantons Zürich (VIOZ) vereint sind, als Ansprechpartner und Koordinator der «Notfallseelsorge» ernst. Auch die salafistisch orientierte Union Albanischer Imame in der Schweiz (UAIS) ist dank der Moschee ihres Präsidenten Nehat Ismaili in Aarburg Mitglied des Verbands Aargauer Muslime (VAM) und damit in der Föderation Islamischer Dachverbände Schweiz (FIDS) vertreten, die sich als vermeintlich verlässliche Ansprechpartnerin auf Bundesebene positioniert (s. Abb. 1). Dies allein verdeutlicht schon die Arglosigkeit der Behörden gegenüber der salafistischen Bedrohung, wenn sie ausgerechnet solche Imame in einen Dialog mit einbeziehen, Personen, die unsere Art zu leben ablehnen und diesem unserem Staat und seiner Gesellschaft nicht den geringsten Respekt entgegenbringen, sondern im Gegenteil ihn zu unterhöhlen beabsichtigen.

Die freisinnige Nationalrätin Doris Fiala reichte im April 2016 eine Interpellation ein, um von der Landesregierung in Erfahrung zu bringen, wie es sich mit der Finanzierung von Moscheen in der Schweiz durch islamistische Kreise wie etwa die türkische Behörde Diyanet verhält. Diyanet verkörpert in der Türkei und darüber hinaus das Präsidium für Religionsangelegenheiten und beschäftigt weltweit rund 100 000 Beamte mit einem Jahresetat von 2 Milliarden Euro. Daneben ist die Behörde auch medial äusserst aktiv und unterhält sowohl einen eigenen Radio- (http://www.diyanetkuranradyo.com) als auch TV-Sender

Abb. 1

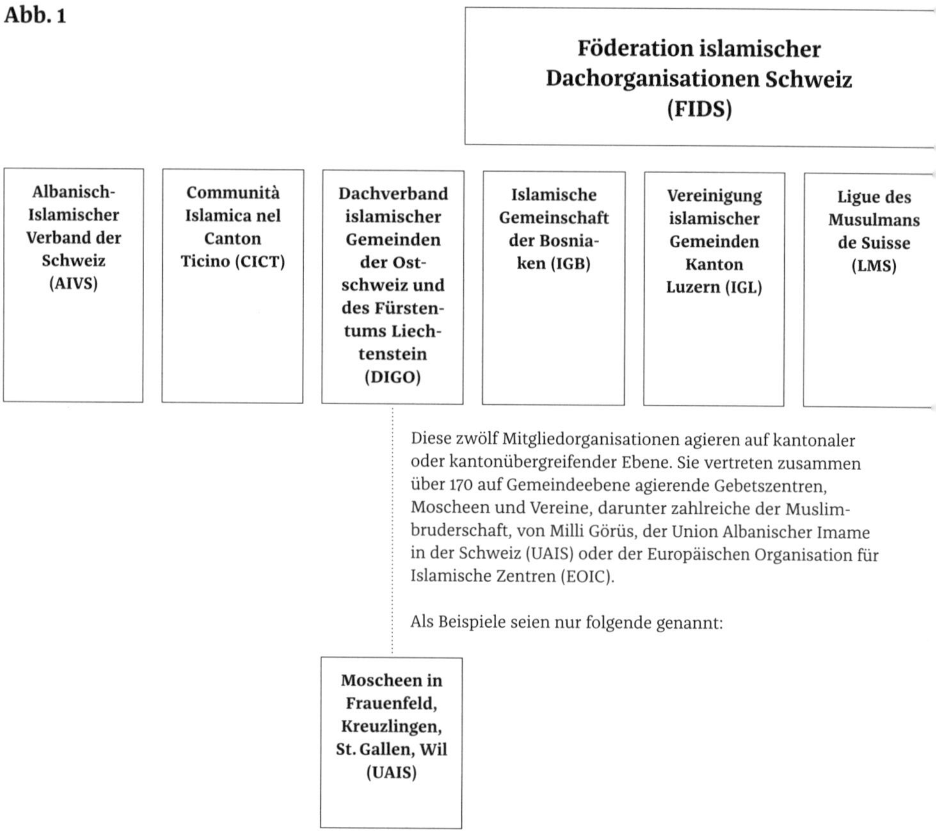

(http://www.diyanet.tv) mit speziellem Kinderprogramm. Weiter besitzt Diyanet eine eigene Baufirma (http://www.komas-as.com.tr/en/our-activities/construction-contracting-works-1), eine Druckerei und Werbeagentur (http://www.diyanetvakfiyayin.com.tr) und sogar eine Universität (https://www.29mayis.edu.tr/), zudem ein islamisches Forschungszentrum (http://english.isam.org.tr) und eine Abteilung Religiöse Angelegenheiten (http://www.diyanet.gov.tr/tr-TR) sowie soziale Einrichtungen (http://www.tdvyurt.com.tr). Laut der Antwort, die Nationalrätin Fiala vom Bundesrat erhielt, unterstützt Diyanet türkische Einrichtungen in der Diaspora mit finanziellen Mitteln und beschäftigt auch Imame in der Schweiz.

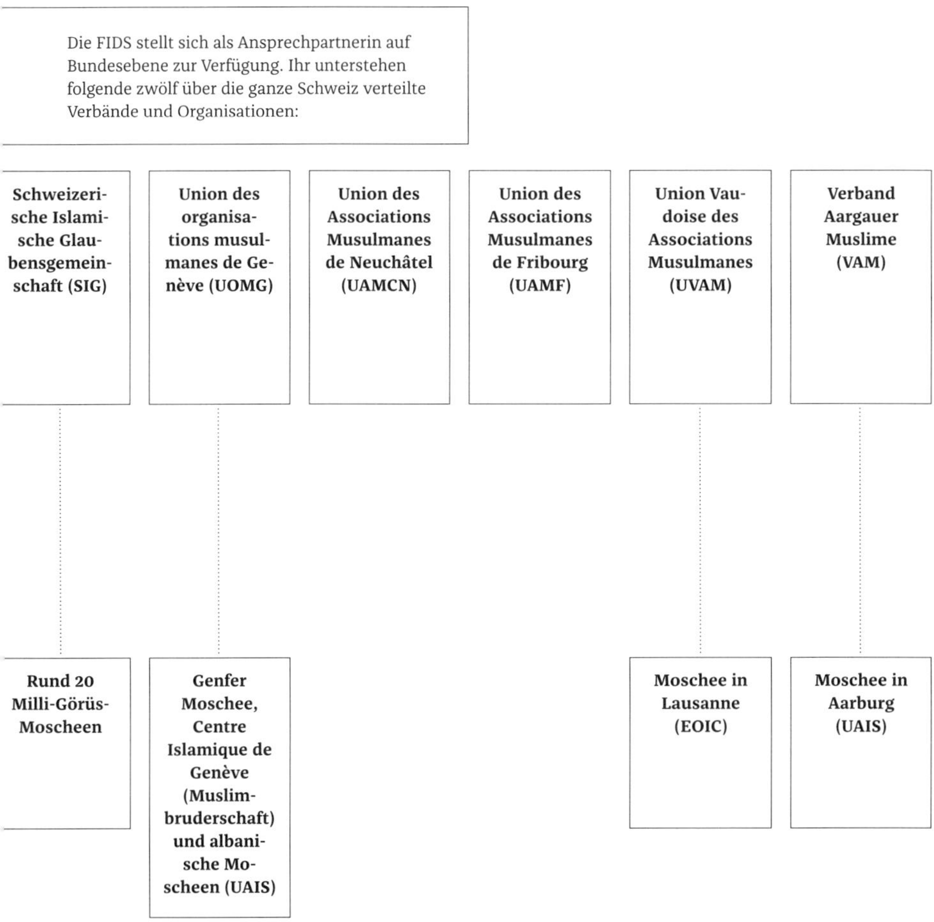

Abb. 2: AKP-Ableger in Europa

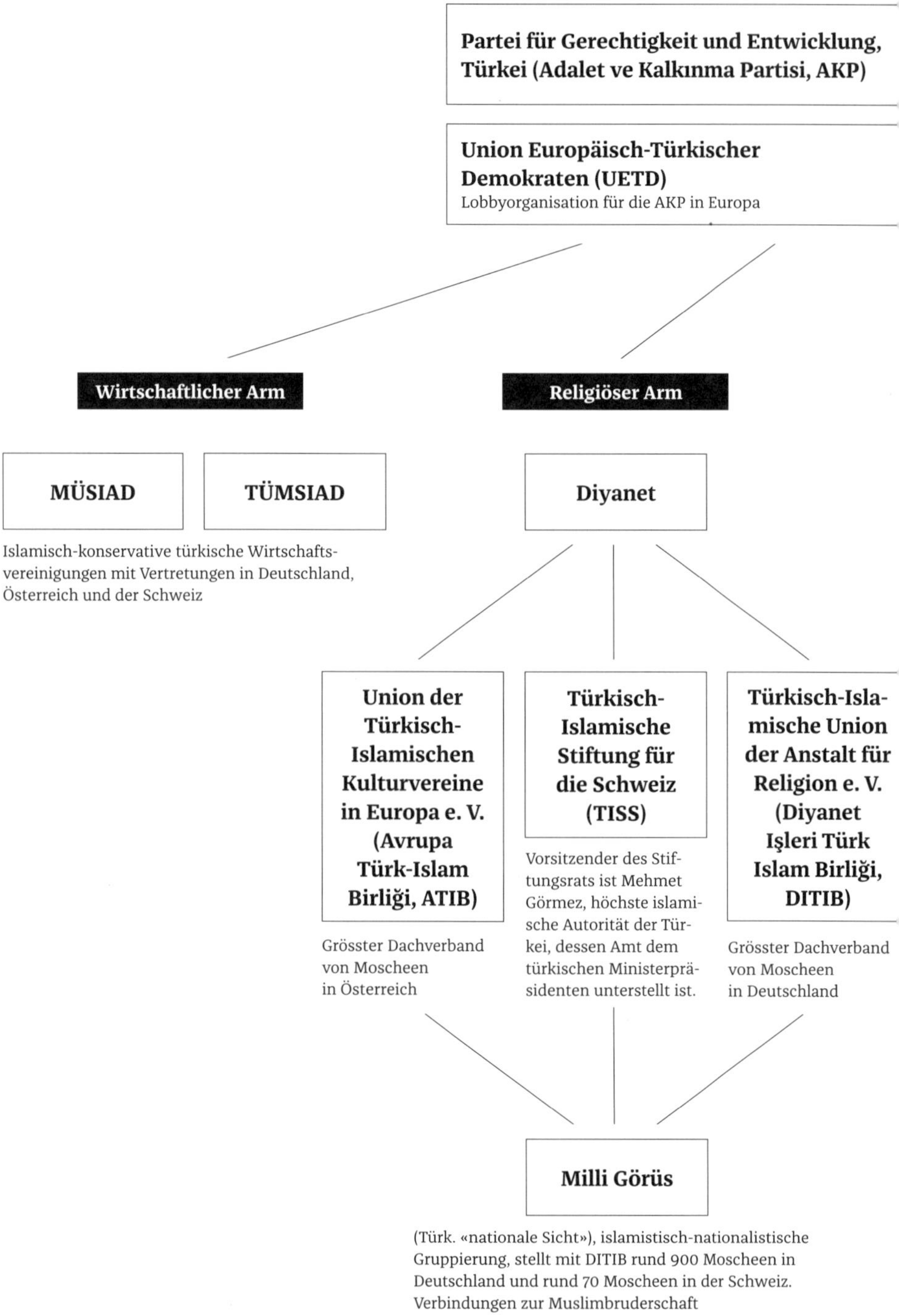

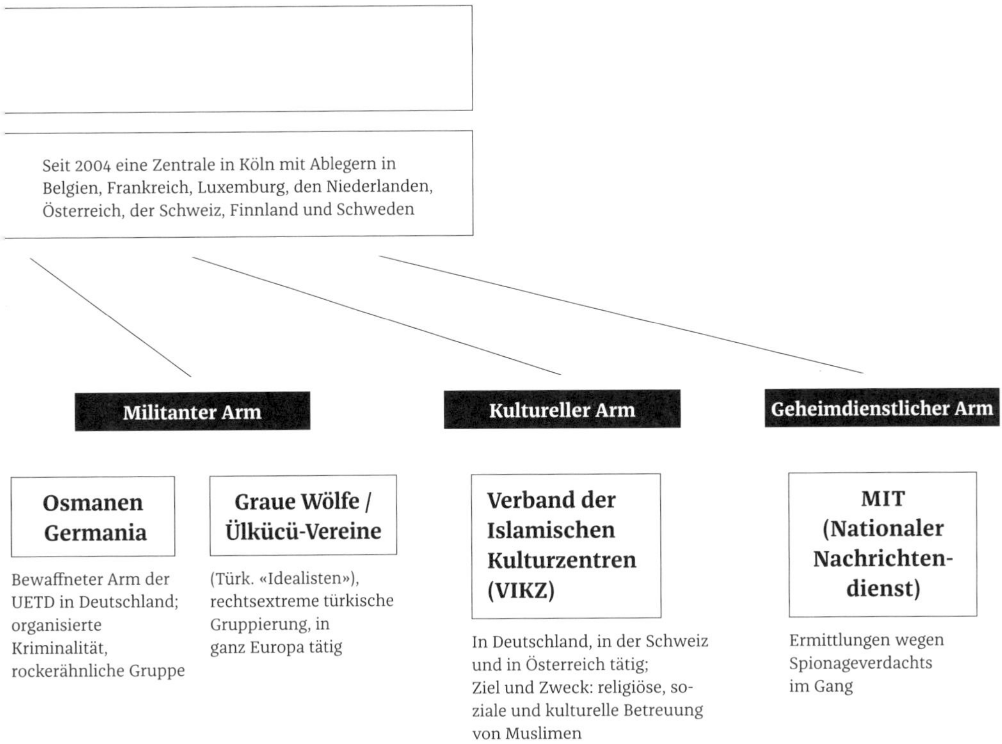
Seit 2004 eine Zentrale in Köln mit Ablegern in Belgien, Frankreich, Luxemburg, den Niederlanden, Österreich, der Schweiz, Finnland und Schweden
Militanter Arm
Kultureller Arm
Geheimdienstlicher Arm
Osmanen Germania
Bewaffneter Arm der UETD in Deutschland; organisierte Kriminalität, rockerähnliche Gruppe
Graue Wölfe / Ülkücü-Vereine
(Türk. «Idealisten»), rechtsextreme türkische Gruppierung, in ganz Europa tätig
Verband der Islamischen Kulturzentren (VIKZ)
In Deutschland, in der Schweiz und in Österreich tätig; Ziel und Zweck: religiöse, soziale und kulturelle Betreuung von Muslimen
MIT (Nationaler Nachrichtendienst)
Ermittlungen wegen Spionageverdachts im Gang

Ebenfalls im April 2016 machte Diyanet gemäss der deutschen Zeitschrift *Stern* Schlagzeilen wegen eines Comics, das Kindern den Märtyrertod schmackhaft machen wollte. Und im Januar desselben Jahres erliess die Religionsbehörde eine Fatwa, in der stand, dass es «hinnehmbar sei, wenn ein Vater seine Tochter ansieht und dabei Lust empfindet oder das Kind mit Wollust küsst»; einzige Bedingung: Das Mädchen darf nicht jünger als neun Jahre sein! Pädophilie bzw. Inzest wird also unter dem Siegel des islamischen Rechts toleriert bzw. eine De-facto-Absolution erteilt.

Ausgerechnet Diyanet, ein notabene staatliches Organ, das über einen grösseren Etat als jedes andere Ministerium oder jede Behörde verfügt, wurde vom Schweizer Bundesrat insofern ignoriert, als dieser Nationalrätin Fiala mitteilte, dass «der Bundesrat derzeit nicht beabsichtigt, die Finanzierung von Moscheen durch ausländische Staaten zum allgemeinen Thema in den bilateralen oder multilateralen Beziehungen zu machen» (Stellungnahme des Bundesrats vom 6.7.2016).

Wie arglos mit dem Thema umgegangen wird, zeigt sich an einem weiteren Beispiel (Gamp/Marti, *Blick*, 12.3.2017), das sogar im Bundeshaus seinen Anfang nahm, als 2014 diverse Parlamentarier von Vertretern der Union Europäisch-Türkischer Demokraten (UETD) umworben wurden. Diese ist bestens bekannt als verlängerter Arm Erdogans mit Niederlassungen in Belgien, Deutschland, Finnland, Frankreich, Luxemburg, Ungarn, den Niederlanden, Österreich, Schweden und der Schweiz. Die UETD nimmt für sich in Anspruch, auf dem Gebiet der Integration «wertvolle» Arbeit zu leisten, dient jedoch unverhohlen als Sprachrohr der türkischen Regierung und wirbt in aggressiver Manier für deren politische Belange. So hat etwa der Geschäftsführer der Schweizer UETD-Niederlassung in Spreitenbach (AG), Murat Sahin, Gülen-Anhängern ganz offen mit Gewalt gedroht (SRF, *10vor10*, 29.7.2016), und dies nur einen Tag nach dem Putschversuch in der Türkei. Wie die UETD-Männer damals ins Bundeshaus gelangt waren, bleibt im Dunkeln, da sich keiner der angesprochenen Abgeordneten daran erinnern kann. Jedenfalls wurde den Politikern eine Reise in die Türkei damit schmackhaft gemacht, dass sie – als «Höhepunkt» – Präsident Erdogan persönlich treffen sollten. Interessanterweise zierte sich die Mannschaft um Erdogan, den Schweizer Parlamentariern eine Begegnung mit der Opposition zu ermöglichen. Als dies doch gestattet wurde, empfanden die Nationalräte das Treffen als geradezu inszeniert, da die vermutlich ausgewählten Oppositionspolitiker ihnen mit grösster Zurückhaltung gegenübertraten. Die Vermutung liegt nahe, dass sie massiv eingeschüchtert worden waren.

Dieses Beispiel zeigt auf, dass die Agenten des türkischen Machthabers auch in der Schweiz aktiv sind, und die Tatsache, dass sie Zugang zum Parlament hatten, mutet sehr bedenklich an.

Nicht minder bedenklich ist ferner, dass türkische Agenten auch an den Schweizer Universitäten aktiv sind. Laut *Tages-Anzeiger* vom 13. März 2017 und Aussagen von Doktoranden sei es «gang und gäbe», dass Beauftragte der türkischen Regierung an akademischen Tagungen und Veranstaltungen, welche die Türkei zum Thema haben, auftauchten und ganz unverhohlen Bildaufnahmen von Teilnehmern machten. Das lässt den Schluss zu, dass in Ankara über zahlreiche Menschen Dossiers angelegt werden, um potenzielle PKK-Sympathisanten ausfindig zu machen.

Mutmasslicher Drahtzieher hinter dem Spitzelsystem in der Schweiz ist der Imam und Stiftungsrat der Türkisch-Islamischen Stiftung Engin Yilmaz, Sekretär von Diyanet und stellvertretender Botschaftsrat für religiöse Angelegenheiten bei der türkischen Botschaft in Bern, wodurch er diplomatische Immunität geniesst und strafrechtlich nicht belangt werden könnte, würde die Bundesanwaltschaft ein Verfahren eröffnen.

Der Blankoscheck für Diyanet und deren Machenschaften trägt mit Sicherheit nicht dazu bei, Hasspredigern beizukommen, im Gegenteil; diese lachen sich ins Fäustchen über die Naivität, welche die Landesregierung in Bezug auf dieses Thema immer wieder an den Tag legt.

Milli Görüs und falsche Toleranz

Die türkische Religionsbehörde Diyanet, der in der Schweiz nicht weniger als 50 Moscheen unterstehen, versucht, auch andere europäische Länder und deren Gesellschaften zu infiltrieren (s. Karte).

Milli-Görüs-Moscheen in Deutschland, Österreich und in der Schweiz
Quelle: https://ajanda.igmg.org/placecategory/places/

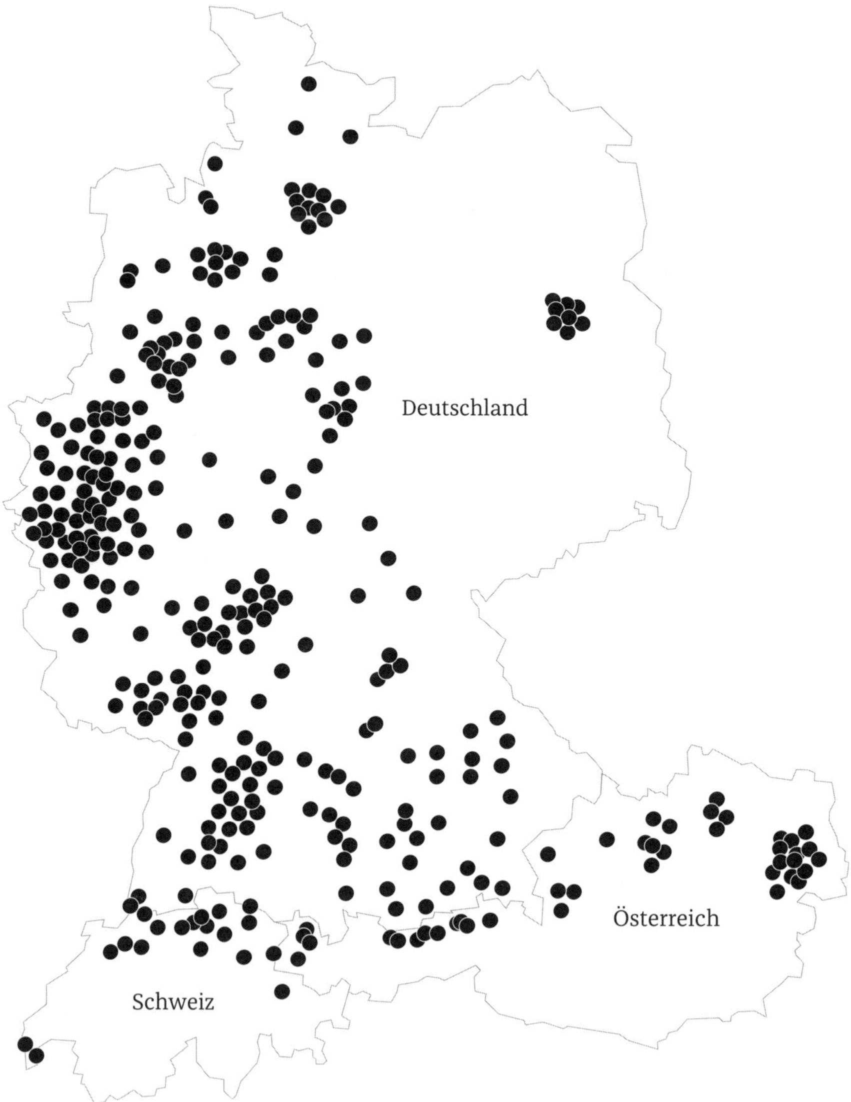

Im kleinen Land Belgien herrscht die Türkei via Diyanet über 65 Moscheen.

In Deutschland werden rechtsnationalistische Gruppierungen geduldet, etwa der Verband der türkischen Kulturvereine in Europa mit Ablegern unter anderem in Dänemark und der Schweiz, obwohl ihnen beispielsweise die extreme Gruppierung Graue Wölfe entstammt. Sie alle sind im Dachverband Zentralrat der Muslime Deutschlands vertreten, der den deutschen Behörden als Ansprechpartner gilt.

Die Islamische Gemeinschaft Milli Görüs (IGMG) wird ebenfalls von der Türkei bzw. Diyanet aus gesteuert und betreibt rund 900 Moscheen in Deutschland. Bereits im April 2003 rief die türkische Regierung ihre Botschaften im Ausland auf, diese radikalislamische Organisation zu unterstützen, die zu diesem Zeitpunkt rund 200 000 Mitglieder in Europa zählte, die meisten davon in Deutschland (*Die Tageszeitung,* 22. April 2003). Neben Milli Görüs (Nationale Sicht), dem religiösen Arm der UETD, verfügt diese auch über einen bewaffneten Arm namens Osmanen Germania, eine rockerähnliche, nationalistische Gruppierung, in deren Lokalen es immer mal wieder zu Grossrazzien kommt (Karaoglu/Feyder/Weissenborn, *Stuttgarter Nachrichten,* 8.4.2017). Die UETD wiederum steht in fester Verbindung mit dem Dachverband Türkisch-Islamische Union der Anstalt für Religion e. V. (DITIB), welcher die Direktiven von Diyanet erhält.

Obwohl Milli Görüs vom deutschen Verfassungsschutz beobachtet wird, krebst dieser seit einiger Zeit wieder zurück in der Annahme, Milli Görüs «könnte in ein paar Jahren auf dem Boden der Verfassung stehen», wie Hans-Georg Maassen, Chef des Bundesamts für Verfassungsschutz, erklärte. Es ist offensichtlich, dass Milli Görüs schon lange im Begriff ist, überall in Europa Moscheen zu errichten, in denen ein Islam gepredigt wird, der sich mit demokratischen Grundsätzen, also dem Rechtsstaat und dessen zivilisatorischen Errungenschaften, nicht vereinbaren lässt.

Mehrere Gerichtsprozesse, die Milli Görüs gegen vereinzelte deutsche Bundesländer wie Nordrhein-Westfalen und Baden-Württemberg geführt und allesamt verloren hat, belegen auch de jure den antidemokratischen Charakter der Gemeinschaft. Milli Görüs übt nach DITIB den grössten Einfluss auf die Moscheen aus. In Österreich finden sich etwa 30 Ortsvereine, die von der Islamischen Föderation koordiniert werden, während in der Schweiz Milli-Görüs-Moscheen unterhalten werden, wobei die IGMG vom Bundesamt für Polizei (fedpol) als eine «zu Gewalt und Radikalismus neigende» Organisation bezeichnet wird. Aber auch in anderen europäischen Ländern ist Milli Görüs aktiv, wie in den Niederlanden, wo die Organisation im Jahr 2006 ungefähr 30 000 Mitglieder und 23 Moscheen umfasste (Duthel, 2013). Frankreich ist hingegen aufgrund der Einwandererstruktur – viele Muslime haben einen nordafrikanischen Migrationshintergrund – für Milli Görüs weniger interessant, obschon entsprechende Moscheevereine im Land existieren. Ebenfalls wurden in Dänemark, Schweden, Norwegen, Grossbritannien, Italien und Belgien weitere Zweigstellen errichtet.

Laut diversen Berichten, die in deutschen Medien erschienen, hat Diyanet über den türkischen Moscheenverband in Deutschland, die Türkisch-Islamische Union der Anstalt für Religion e. V. (DITIB), bislang rund 1000 türkische Imame nach Deutschland entsendet, was auch einigen Politikern grosse Sorgen bereitet. Scharf kritisiert Franziska Giffey, Bürgermeisterin von Berlin-Neukölln – einem der schlimmsten Problemviertel in der deutschen Hauptstadt –, den Import von türkeigesteuerten fundamentalistischen Geistlichen, zumal diese laut Giffey binnen kurzer Zeit sukzessive die Stellen der altgedienten Imame übernommen haben und einen Islam predigen, der sich mit dem deutschen Werteverständnis nicht vereinbaren lässt. Die SPD-Politikerin sieht darin «die Gefahr, dass die politisch-religiöse und kulturelle Auseinandersetzung, die im Ausland stattfindet, hierher transportiert wird und sich dann auf deutschen Schulhöfen abspielt». Deshalb fordert Giffey, dass Imame in der Bundesrepublik und nach den hier für den Rechtsstaat massgeblichen Werten ausgebildet werden sollen. Ein Verbot von Imamen, die aus der Türkei oder anderen Ländern entsendet werden, erachtet sie hingegen als problematisch, da dies dem säkularen Prinzip ebendieses rechtsstaatlichen, demokratischen Werteverständnisses widerspräche. Ähnlich argumentiert der Vorsitzende des Zentralrats der Muslime in Deutschland Aiman Mazyek, der allfällige Äusserungen zugunsten eines solchen Verbots als Doppelmoral und Verfassungswidrigkeit brandmarkt.

Leider zeigen auch die deutsche Politik und deren Behörden eine Blauäugigkeit und falsch verstandene Toleranz gegenüber den wahhabitischen Imamen und dem ausgeklügelten Netzwerk, das dahinter steht. Deutschland, das sich aufgrund seiner jüngeren Geschichte in Bezug auf eine kritische und nüchterne Auseinandersetzung mit gesellschaftlichen Problemen, wenn sie auch nur ansatzweise mit der Migration zusammenhängen, geradezu paranoid verhält, scheint den Weg in ein Dilemma konsequent weiterzugehen. Seit 2012 wurden DITIB-Projekte mit Fördergeld in Millionenhöhe durch verschiedene Bundesministerien unterstützt, obwohl die Bundesanwaltschaft gegen DITIB-Imame wegen Spionage ermittelt (*Süddeutsche Zeitung*, 2.5.2017).

Auf der einen Seite wirkt die Regierung unter Kanzlerin Angela Merkel völlig überfordert von der Aufgabe, dem Kern des Problems auf den Grund zu gehen und entsprechend zu handeln. Die Hilflosigkeit der Administration Merkel wird offenbar, wenn Ereignisse wie der Anschlag des umtriebigen, da mit 14 Identitäten «bewaffneten» tunesischen Attentäters vom Berliner Weihnachtsmarkt 2016 hinzukommen. Denn obgleich der Täter Anis Amri den Behörden als sogenannter Gefährder bekannt war und auch überwacht wurde, konnten diese das furchtbare Attentat mit zwölf Toten nicht verhindern. Und wenn der nordrhein-westfälische Innenminister Ralf Jäger (SPD) mit gequältem Gesichtsausdruck erklärt, dass in der Causa Amri, der sich als abgewiesener Asylbewerber hauptsächlich in Nordrhein-Westfalen aufgehalten hatte, die Grenzen des Rechtsstaats erreicht worden seien, dann wären wohl entsprechende Gesetzesänderungen oder -anpassungen dringend erforderlich, will der Rechtsstaat seine Glaubwürdigkeit erhalten. Auf der anderen Seite riskieren Merkel und ihr Kabinett – mit tatkräftiger Unterstützung von Bündnis 90/Die Grünen, der Linkspartei und einigen Sozialromantikern innerhalb der SPD – durch ihre Überforderung das beinahe schon exponentielle Anwachsen der AfD.

Diese verfehlte Politik der Duckmäuserei spielt letztlich genau jenen Leuten in die Hände, die nicht das Geringste zu einer Entspannung der Konfliktsituation(en) beitragen, sondern im Gegenteil zweigleisig fahren, indem sie die Ausdehnung des Islamismus bewusst fördern und gleichzeitig Geschäfte mit dem Erdölexport und dem Waffenimport tätigen: den Saudis! Genau denselben Kurs fahren neben Deutschland auch andere westliche Länder, bloss mit dem Unterschied, dass sie umgekehrt Erdöl beziehen und Waffen liefern. Der französische Politikwissenschaftler Alexandre del Valle wirft den westlichen Mächten vor, im Interesse der erdölfördernden Staaten am Golf, die schliesslich jederzeit den Hahn zudrehen könnten – wie sie dies in den 1970er-Jahren ja schon einmal praktiziert und dadurch eine gigantische Ölkrise ausgelöst hatten –, in Sachen Islamismus und dessen Bekämpfung nicht allzu aktiv zu sein, um vor allem auch die Organisation für islamische Kooperation (OCI) nicht zu vergrämen.

Solange diese Doppelmoral vorherrscht, wird lediglich ein bisschen Kosmetik betrieben in der Hoffnung, die Bevölkerung zu beruhigen. Und solange die Nachrichtendienste in ihren Kompetenzen beschnitten werden, können die Hassprediger in den Moscheen schalten und walten, wie sie wollen. Sollte dieser Kurs weiterverfolgt werden, und im Moment spricht alles dafür, werden die Wahhabiten bzw. Salafisten ihre menschenverachtende, frauen- und kulturfeindliche sowie steinzeitliche Auslegung des Islam durch Unterhöhlung erst der Moscheen, dann der Gesellschaft als Ganzes stetig weiterverbreiten – mit Milliarden Petro-Dollar, die der Westen dem saudischen Königshaus fortwährend in die pralle Kasse spült.

Radikalkonservative Verbände schaffen es immer wieder, in wichtige Institutionen gewählt zu werden. Der Imam der albanischen Moschee Neumond in Kreuzlingen Rehan Neziri etwa gibt sich stets moderat und predigt gegenüber den Medien Toleranz unter den Religionen, was er durch die Erteilung von Islamunterricht an öffentlichen Schulen untermauert. Laut einem Bericht des Katholischen Medienzentrums (Georges Scherrer, kath.ch, 6.7.2016) steht Neziri jedoch Milli Görüs nahe, was an der Glaubwürdigkeit des Imams schwer zweifeln lässt.

Besonders krass ist das Beispiel von Dilek Ucak Ekinci, Vorstandsmitglied der Vereinigung der Islamischen Organisationen des Kantons Zürich (VIOZ). Die VIOZ besteht ebenfalls aus Diyanet-Moscheen, und Ekinci sass bis vor wenigen Monaten im Beirat des Islamzentrums an der Universität Freiburg, bis sie aufgrund ihrer angeblichen Nähe zur Bewegung des im amerikanischen Exil weilenden türkischen Predigers Fethullah Gülen «gegangen wurde». Nichtsdestotrotz gehe es dem Islamzentrum «stets um eine Verortung des Islam im konkreten Lebenskontext der Schweiz», so dessen Leitung. Allerdings wird die grosse Mehrheit der Muslime, die sich nicht mit den Moscheeverbänden identifiziert, im Beirat nicht berücksichtigt.

Ebenfalls im Beirat des Freiburger Islamzentrums sitzt Khaldoun Dia-Eddine, der wissenschaftliche Leiter des Islam-Museums von La Chaux-de-Fonds. Auch Dia-Eddine ist seit Langem in radikale Machenschaften verstrickt. Er leitete 1999 eine sogenannt karitative islamistische Organisation in Albanien namens Mercy International, von welcher der französische Autor Richard Labévière in seinem Buch *Les dollars de la terreur* schreibt: «Sie zählt zu den wichtigsten Kanälen für die Waffenlieferungen an die Befreiungsarmee von Kosovo (UÇK) und geniesst die finanzielle und logistische Unterstützung der Islamischen Weltliga.»

3. Die Islamische Weltliga und ihre Metastasen

Den meisten Menschen ist die Islamische Weltliga vermutlich gar kein Begriff, was nicht weiter verwunderlich ist. Medial hat die global operierende Organisation bislang kaum Erwähnung gefunden, und wer sich nicht vertieft mit ihr auseinandersetzt, dem bleibt auch verborgen, welche Gefahr dieses eigentliche Gehirn des islamistischen Netzwerkes darstellt. Insofern ist es sehr zu begrüssen, dass sich auch die Medien im Zug der Islamismus-Debatte allmählich mit der Islamischen Weltliga auseinandersetzen.

Der Gründung der Liga ging die Eröffnung der Universität in Medina voran. Diese wurde einerseits zum Zweck des Studiums explizit islamischer Themen errichtet; die erste Fakultät widmete sich denn auch den Scharia-Wissenschaften. Auf der anderen Seite bildete und bildet die Universität das Zentrum der Konsolidierung und Missionierung der Wahhabiya mit dem Ziel, die ultrakonservative dogmatische Strömung des Islam durch in Medina ausgebildete Imame und Gelehrte weltweit zu verbreiten. Der saudische König Saud hielt 1962 im Rahmen einer Festrede neben diesem Punkt zweitens fest, dass die Einheit der islamischen Gemeinschaft durch Saudiarabien bzw. dessen Hegemonialstellung symbolisiert werden sollte. Aufgrund ihres Allmachtsanspruchs war insbesondere die Politik des ägyptischen Machthabers Gamal Abdel Nasser, der damals mit Unterstützung der Sowjetunion eine arabische sozialistische Gesellschaftsstruktur aufbauen wollte, den Saudis ein Dorn im Auge. Saud sprach in seiner Festrede von einem «Projekt», das die Propagierung des Islam respektive des Wahhabismus anvisierte und alles Säkulare, namentlich gefördert von Nasser, bekämpfen sollte. In der Folge wurde eine Gruppe von Experten mit der Ausarbeitung eines entsprechenden Entwurfs betraut, worauf zunächst eine Konferenz islamischer Intellektueller und Gelehrter in Bagdad einberufen wurde. Treibende Kraft dahinter war unter anderen der Präsident des Islamischen Weltkongresses (MAI) und Mufti von Jerusalem Mohammed Amin al-Husseini. Pikant dabei: Al-Husseini hatte zuvor eng mit den Nationalsozialisten zusammengearbeitet, vor allem mit Heinrich Himmler, in der Hoffnung, er würde von den Nazis bei der Bekämpfung der Juden im Nahen Osten unterstützt werden.

Die Teilnehmer sprachen sich nach der Konferenz in Bagdad für die Bildung einer Liga der islamischen Welt aus, die im Mai 1962 anlässlich eines Kongresses beschlossen wurde. Nicht weniger als 111 Delegierte diverser Pilgermissionen konnten König Saud und Kronprinz Faisal in Mekka versammeln. Auf dem Kongress wurde beispielsweise festgelegt, dass der zukünftige Generalsekretär der neuen Liga zwingend ein Saudi sein musste und der Sitz in Mekka zu sein hatte. Damit wurde der Grundstein für eine unheilvolle Entwicklung gelegt.

Das Wesen der Islamischen Weltliga

In der Islamischen Weltliga sind rund 55 mehrheitlich islamische Länder vertreten, darunter auch die Türkei und Kosovo. Mit anderen Ländern wie beispielsweise Bosnien-Herzegowina hat sie Abkommen unterzeichnet. Sie kooperiert eng mit den Muslimbrüdern und salafistischen Gruppierungen in über 120 Ländern. Ab den 1950er-Jahren bot Saudiarabien der verfolgten Muslimbruderschaft aus säkularen Ländern wie Irak, Syrien und Ägypten Asyl und solidarisierte sich mit ihr gegen die gemeinsamen Feinde; denn der Laizismus der umliegenden Länder war für Saudiarabien gefährlich, widersprach sie doch der Lehre von der absoluten Einheit Gottes und damit von Religion und politischer Macht. Vielmehr konnte der Wahhabismus – die saudische Staatsdoktrin – auf diese Weise von der Organisation und der Ideologie der Muslimbruderschaft profitieren und verhindern, dass der islamistische militante Fundamentalismus sich auf saudischem Territorium artikuliert und die Monarchie destabilisiert.

Der englische Schriftsteller Salman Rushdie, weltweit bekannt durch sein Buch *Die satanischen Verse,* das ihm 1989 eine

Fatwa durch den iranischen Revolutionsführer Ruholla Musawi Khomeini einbrachte, meinte in einem Interview 2015, dass der Westen dem Irrglauben erlegen sei, das saudische Regime würde ihm wohlgesonnen sein. Rushdie führte weiter aus, dass Saudiarabien die Verantwortung trage für die weltweite Verbreitung radikalislamischen Gedankenguts durch den Wahhabismus. Beispielsweise liess der saudische Kronprinz Faisal 1968 während einer Rede auf der Pilgerfahrt nach Mekka verlauten, man wolle «eine islamische Wiedergeburt ohne Nationalismus, Ethnien und politische Parteien, aber mit dem Ruf des Islam und dem Ruf des Jihad, um unsere Religion zu verteidigen».

Die Islamische Weltliga versteht sich quasi als religiöse Schutzpatronin aller Muslime weltweit und wird vom Königreich Saudiarabien finanziert. So erweist sich etwa der aktuelle König Salman bin Abdulaziz al-Saud als einer der grössten Spender der Liga, und es liegen Schätzungen vor, wonach die Saudis seit etwa Mitte der 1970er-Jahre die astronomische Summe von 90 Milliarden US-Dollar in die Organisation eingeschossen haben. De facto dient die Liga dem Land als politisch-religiöses Werkzeug. Nicht zuletzt deshalb wurden im Lauf der Zeit diverse Ableger gebildet, so etwa die Internationale Islamische Hilfsorganisation, die sowohl von den Vereinten Nationen als auch von den USA und anderen Staaten der Unterstützung des Terrorismus verdächtigt wird.

Die Saudis verfolgen ihr Ziel nach Kräften, zumal sie über zahlreiche von der Weltliga gesteuerte Häscher und Verführer vornehmlich in den westeuropäischen Ländern verfügen: die Salafisten.

Islamistische Ideologie wird beispielsweise auch in den schweizerischen «Kulturzentren» der Liga, der Basler und der Genfer Moschee, gepredigt, wie Recherchen der *Basler Zeitung* bestätigen («König-Faysal-Stiftung und ihre Terrorfinanciers», 14.4.2016). Die König-Faysal-Moschee an der Basler Friedensgasse, einquartiert in einer ehemaligen Molkerei, und die Moschee im Quartier Petit-Saconnex in Genf werden offiziell von der Islamischen Weltliga finanziert.

Einige der von den Saudis unterstützten Organisationen werden auch mit dem Terrornetzwerk al-Kaida in Verbindung gebracht. Die Islamische Weltliga finanziert nämlich nicht bloss Moscheen, wie diejenigen in Basel und Genf, sondern auch Trainingslager und Koranschulen in Pakistan und in Afghanistan, wo jungen Männern radikale Ideologien eingeimpft werden. Eine in mehreren islamischen Ländern operierende Unterorganisation der Liga findet sich zum Beispiel auch im Madschlis asch-Schura, der Ratsversammlung nach islamischem Recht, dessen 150 Mitglieder vom saudischen König selbst ausgewählt und ernannt werden. Der Madschlis asch-Schura hat seinen Sitz in der saudischen Hauptstadt Riad und wird von Abdullah bin Muhammad Al asch-Schaich, einem Nachkommen al-Wahhabs, geleitet. Dem Rat wiederum gehören Gruppierungen an, die sich analog einem Netzwerk über ganz Europa ziehen und bestrebt sind, Einfluss auf die Moscheen zu gewinnen, was ihnen bislang leider auch ganz gut gelungen ist.

Zweifelhafte Rolle der Verbände

Der deutsch-syrische Politikwissenschaftler Bassam Tibi zeichnet ein nüchternes und gleichermassen bedenkliches Bild von den Aktivitäten islamischer Verbände, deren Strategie darauf hinausläuft, «Ungläubige zu täuschen und eine eigene Agenda zu verfolgen» (BaZ, 11.10.2016). Unter Berufung auf die Religionsfreiheit verfolgen die von der Weltliga finanzierten Moscheeverbände in Europa eine antisäkulare und antieuropäische «Moscheekultur» und fordern Sonderrechte für die islamischen Gemeinden. Die Vereine bzw. Verbände argumentieren hierbei nicht zuletzt mit den durchaus vorhandenen Ressentiments, die seit den Terroranschlägen insbesondere in Europa in Teilen der Bevölkerung zugenommen haben und die sich die Islamisten auf perfide Weise zunutze machen. In schöner Regelmässigkeit wird von diesen Kreisen die Keule der Islamophobie geschwungen, um den staatlichen Institutionen einerseits ein schlechtes Gewissen einzureden und ihnen auf der anderen Seite Zugeständnisse abzuringen. Einer anderen Form der unlauteren Propaganda bedient sich beispielsweise die Union Europäisch-Türkischer Demokraten (UETD). Laut Bassam Tibi hat die UETD mehrere Gutachten in Auftrag gegeben, unter anderem auch beim bekannten Schweizer Meinungsforschungsinstitut GfS, die beweisen sollen, dass Muslime in der Schweiz – und im restlichen Europa – generell diskriminiert werden. Da der autokratische türkische Staatschef seit einigen Jahren im Begriff ist, sein Land – das übrigens Mitglied im Europarat ist – in ein islamistisches Bollwerk am südöstlichen Rand Europas zu verwandeln, kann davon ausgegangen werden, dass die Bestrebungen der UETD zumindest indirekt auch von der Weltliga getragen und sogar mitfinanziert werden.

Bereits 2006 hielt die dänische Politologin Jytte Klausen fest, dass die islamischen Verbände in Europa, gesteuert von der Weltliga, als Sammelbecken für islamische Nationalisten und Islamisten dienen, die in einem europäischen Staat Asyl erhalten haben. So tauchen neben der bereits erwähnten Organisation Milli Görüs auch die indisch-pakistanische islamische Partei Jamaat-i-Islami und die missionarische Bewegung Tabligh auf, die sich zum Ziel gesetzt haben, weltweit alle säkularen Muslime zur Rückkehr in ein streng nach Koran und Scharia ausgerichtetes Leben zu bewegen. Die Tabligh, Zweig der Deobandi-Bewegung in Indien, verfügt über unzählige in Koranschulen ausgebildete Missionare, die global operieren. Aufgrund ihrer organisatorischen Strukturen ist sie laut Jytte Klausen mit Sekten wie Scientology vergleichbar. Die Deobandis, deren Name von der indischen Ortschaft Deoband herrührt – die lokale islamische Hochschule gilt als zweitgrösstes theologisches Zentrum nach der Kairoer Al-Azhar-Universität –, verstehen sich als fundamentalistische Muslime, die sich allem verschliessen, was in ihren Augen «unislamisch» bzw. «westlich» ist. Sie gehören der hanafitischen Rechtsschule an und vertreten einen Islam, wie er zu Lebzeiten des Propheten praktiziert wurde.

Anstatt klar Stellung zu den Netzwerken unter der Ägide der Islamischen Weltliga zu beziehen – wie man es von ihnen erwarten könnte –, winden sich die islamischen Verbände stets wie ein Aal im Netz. Ausser Lippenbekenntnissen in Bezug auf Toleranz und Dialog zwischen den Religionen und halbgaren Statements, wenn wieder einmal irgendwo ein Terroranschlag stattfindet, vernimmt man nichts, was die Glaubwürdigkeit der meisten Verbände bzw. Dachorganisationen auch nur im Ansatz stärken würde. Das beginnt bei der Weigerung, sich endlich konkret zum politischen Islam und dessen Inhalten und Zielsetzungen zu äussern, und mündet in der Ignoranz gegenüber Aufforderungen, etwa in Form von öffentlichen Demonstrationen, zu einer Auslegung von Koran und Scharia nach modernen Massstäben Farbe zu bekennen. In der Schweiz haben bislang weder die Koordination Islamischer Organisationen Schweiz (KIOS), deren Präsident Farhad Afshar die Einführung islamischer Schiedsgerichte in der Schweiz, de facto einer Paralleljustiz, bereits 2010 in Erwägung zog (NZZ, 17.6.2010), noch die Föderation Islamischer Dachorganisationen der Schweiz (FIDS) überzeugende Aussagen zu den genannten Punkten getätigt, im Gegenteil. Sie vertreten, wie die jemenitisch-schweizerische Politikwissenschaftlerin Elham Manea sagt, einen «konservativen Islam und verhielten sich in vielen Fragen wie ein glitschiger Fisch, den man nicht fassen könne» (Brand/Furger, NZZ, 18.4.2010). Manea kritisiert weiter, dass die Verbände sich – gelinde formuliert – schwertun mit einer klaren Haltung betreffend die Gleichberechtigung der Frauen im Islam und körperliche Strafen wie die Steinigung sowie überhaupt die Frage, welche Ordnung für sie Gültigkeit besitzt: die Scharia oder der Rechtsstaat. Auch wenn die KIOS und FIDS gebetsmühlenartig betonen, dass die Muslime sich dem Rechtsstaat unterordnen müssen, erscheinen solche Bekundungen angesichts der wie oben bereits erwähnten Weigerung und Ignoranz schlichtweg unglaubwürdig.

Ein ähnliches Problem wie die Schweiz in Sachen Islamverbände weist auch Deutschland auf. Der während langer Zeit bevorzugte Ansprechpartner für die deutschen Staatskanzleien in den verschiedenen Bundesländern, der türkische Moscheeverband DITIB (zugleich der verlängerte Arm von Diyanet), scheint seinen Kredit verspielt zu haben. Politik und Behörden distanzieren sich jedenfalls tunlichst von DITIB, der – darüber wusste man jedoch schon lange Bescheid – bestrebt ist, die Assimilation von Türken in Deutschland zu verhindern (Bingener, FAZ, 20.8.2016). Wes Geistes Kind DITIB ist, hätte beispielsweise auch nach Annahme der Armenien-Resolution durch den Bundestag am 2. Juni

2016 deutlich werden müssen, denn unmittelbar nach Bekanntgabe der Resolution griff der Verband türkischstämmige Abgeordnete frontal an, weil diese für die Resolution gestimmt hatten. Die Integrationsbeauftragte der Bundesregierung Aydan Özoguz (SPD) wurde seitens DITIB kurzerhand von der Teilnahme am traditionellen Fastenbrechen ausgeschlossen, obschon sie selbst Bedenken gegenüber der Resolution geäussert hatte. Darüber hinaus hüllte sich DITIB vorwiegend in Schweigen, als Abgeordnete wie Cem Özdemir (Bündnis 90/Grüne) in ihrer Eigenschaft als treibende Kraft in der Armenien-Frage massive Drohungen erhielten. In den Jahren 1915 und 1916 verübte die osmanische Armee zahlreiche Verbrechen an der armenischen Bevölkerung, die von vielen Historikern, Menschenrechtsaktivisten und Politikern jeder Couleur als Genozid taxiert werden. Die Türkei weigert sich bis heute, die damaligen Massaker als Völkermord anzuerkennen, was immer wieder für diplomatische Spannungen sorgt. Inzwischen hat sich die Bundesregierung unter Angela Merkel von der Resolution distanziert, um – wie Aussenminister Frank-Walter Steinmeier meinte – «Ankara nicht zu reizen».

Als kritische Partnerin erweist sich zumindest die rot-grüne Landesregierung in Niedersachsen, wo bis kurz vor dem Putschversuch in der Türkei im Juli 2016 über die Ratifizierung eines «Islamvertrags», unter anderem mit Regelungen zum islamischen Religionsunterricht, zur Seelsorge in Gefängnissen und zum Moscheebau, beraten wurde. Die Landesregierung hat in der Folge die Verhandlungen mit DITIB auf Eis gelegt. Schon Grünen-Chef Özdemir hatte davor gewarnt, mit türkischen staatlichen Institutionen Verträge über islamischen Religionsunterricht abzuschliessen, da es sich dabei um politische Organisationen handelte, die direkt Ankara und damit Präsident Erdogan unterstünden (kath.net, 25.7.2016). Es bleibt abzuwarten, ob die politisch Verantwortlichen nun genug Rückgrat haben und Organisationen wie DITIB nicht weiter in den Diskurs mit einbeziehen oder ob sie aus opportunistischen Gründen einen Rückzieher machen werden.

Österreich verfügt als einziges europäisches Land über ein Islamgesetz, das 1912 von der K.-u.-k.-Monarchie eingeführt wurde, um den Muslimen im annektierten Bosnien-Herzegowina die Möglichkeit zu geben, sich autonom zu verwalten. Hier machten Islamverbände wie etwa die ATIB – das österreichische Pendant zu DITIB – im Zusammenhang mit islamkritischen Publikationen des österreichischen Soziologen und Religionspädagogen Mouhanad Khorchide auf sich aufmerksam. Als der Professor für islamische Religionspädagogik an der Wilhelms-Universität in Münster in seinem 2012 erschienenen Buch *Islam ist Barmherzigkeit* für einen modernen, offenen und humanistischen Islam plädierte, brachte ihm dies neben den üblichen Morddrohungen – weshalb er seit 2013 unter Polizeischutz steht – vehemente Kritik aus dem Umfeld von DITIB und ATIB sowie anderen Islamverbänden in Österreich und Deutschland ein. Die Fundamentalisten unterstellten Khorchide quasi den Abfall vom Glauben (Apostasie) und verlangten von ihm ein Reuebekenntnis. Er solle seine Reformvorschläge und -anregungen zurücknehmen und sich wieder «wie ein Muslim» verhalten. Und natürlich hielten die Verbände fest, dass Khorchide als Islamgelehrter nicht mehr tragbar sei und somit vom Lehrstuhl wegbefördert werden sollte.

Im Gegensatz zu Mouhanad Khorchide, der seinen Lehrauftrag behalten durfte, hatte ein anderer Gelehrter nicht so viel Glück. Der ehemalige Konvertit Sven Kalisch äusserte im Rahmen eines Referats Zweifel an der historischen Existenz des Propheten Mohammed, worauf er – wie Khorchide – von Islamisten bedroht wurde und Polizeischutz erhielt. Im Weiteren wurde ihm von der Universität Münster der «Vorschlag» unterbreitet, die Ausbildung zukünftiger Islamlehrer zu unterlassen. Die konservativen muslimischen Verbände hatten einmal mehr obsiegt, und Kalisch wandte sich in der Folge vom Islam ab.

4. Reizthemen im Fokus der Öffentlichkeit

Verschleierung

Wenn die Islamisten heutzutage behaupten, der Schleier oder das Kopftuch sei ein religiöses Gebot, dann betreiben sie Geschichtsfälschung. Das Kopftuch für Frauen war bereits in der Antike, also lange vor der Entstehung des Islam, ein Thema. Darüber gibt es genügend Literatur. Die monotheistischen Religionen haben das Thema sehr früh aufgegriffen, weil sie darin ein Instrument der Herrschaft über die Frauen sahen.

Es ist wichtig, daran zu erinnern, dass namhafte frühchristliche Schriftsteller wie Tertullian (150 bis 220 n. Chr.) der Auffassung waren, die Frau an sich sei für den Sündenfall verantwortlich und habe den Mann als Ebenbild Gottes zu Fall gebracht. Deswegen sei für sie das Tragen von Trauerkleidern angemessen und jeglicher Prunk und Schmuck zu meiden.

Für den Apostel Paulus, der im 1. Jahrhundert auch in vielen arabischen Ländern des Mittelmeerraums missionierte, war die Frau geistig minderbemittelt und hatte ein Kopftuch zu tragen, besonders beim Betreten einer Kirche. Was er von der Frau hielt, ist unmissverständlich: «Ich lasse euch aber wissen, dass Christus das Haupt eines jeden Mannes ist; der Mann aber ist das Haupt der Frau» (1. Kor 11,3).

Im Islam, dessen Ursprung auf das Jahr 622 zurückgeht, schien der Schleier bzw. das Kopftuch den sozialen Rang der muslimischen Frau nur am Rande zu markieren. In einer Zeit, da kriegerische Auseinandersetzungen und Unsicherheit herrschten, sollte es die freie Frau vielmehr vor sexueller Belästigung und Sklaverei schützen. Später, als es keine Sklaverei mehr gab und Frieden herrschte, verlor das Kopftuch in den islamischen Gesellschaften seine Bedeutung.

Nach dem Zerfall des Osmanischen Reichs bis in die 1980er-Jahre sah man in den islamischen Ländern kaum eine

Frau mit einem Kopftuch in der Öffentlichkeit. Sogar saudischen Frauen war es erlaubt, im Ausland auf den Nikab zu verzichten. Im Verlauf der 1970er-Jahre, beflügelt durch die «islamische Revolution» in Iran, organisierte sich die Muslimbruderschaft neu, mit dem Ziel, die Gesellschaft nach dem Koran und nach der Scharia zu gestalten. Die Muslimbrüder waren überzeugt, dass der historische Verlust des Osmanischen Reichs die Folge davon gewesen sei, dass die Menschen nicht genügend islamisch gelebt hätten. So musste der Verschleierung der Frau ein neuer Sinn zugesprochen werden. Heutzutage ist jede Form der Verschleierung der Frau, ob Kopftuch, Nikab oder Burka, das Banner des politischen Islam. An diesem Banner wird das Voranschreiten des Islamismus im öffentlichen Raum sichtbar.

Viele ältere Frauen in islamischen Ländern erinnern sich mit Wehmut an die Jahre, als sie sich leicht bekleidet im öffentlichen Raum bewegen konnten, ohne von Männern belästigt zu werden. Diese Zeit ist leider mehrheitlich vorbei, seit die Islamisten auch noch eine Sittenpolizei bzw. Religionspolizei installiert haben, die darauf aus ist, die Bekleidung der Frau im öffentlichen Raum zu kontrollieren. Das betrifft Malaysia, Pakistan, Saudiarabien, Iran, Afghanistan, den Norden Nigerias, Jemen und sogar das Westjordanland, aber auch beispielsweise Wuppertal in Nordrhein-Westfalen. Paradoxerweise hat die sexuelle Belästigung im öffentlichen Raum – Stichwort Tahrir-Platz in Kairo – trotz der rigiden Moral der Islamisten überall zugenommen. Dass die Verschleierung des Frauenkörpers im öffentlichen Raum das Thema Sexualität so virulent an die Oberfläche gespült hat, ist eigentlich logisch folgerichtig und weniger ein Widerspruch, weil sich die Verschleierung auf die Verschleierung und Tabuisierung der Sexualität bezieht.

Letztlich geht es um die alte Frage, die Sigmund Freud 1930 so präzis in *Das Unbehagen in der Kultur* beschrieben hat: der Gegensatz zwischen Kultur und Triebregung. Anders ausgedrückt: Wie betten wir unsere Sexualität in die Zivilisation ein, oder wie kann die Frau zugleich Heilige und Hure sein?

Fazit: Jede Form der Verschleierung der muslimischen Frau ist zu verhindern, weil sie kein religiöses, sondern ein politisches Gebot der Islamisten verkörpert. Millionen von muslimischen Menschen träumen davon, in Europa zu leben, weil es hier mehr Freiheit gibt. Es ist absurd, dass sie dann in Europa diese Freiheit, nach der sie sich sehnten, rückgängig machen wollen.

Minarette

Am 29. November 2009 wurde in der Schweiz über eine Volksinitiative abgestimmt, die den Bau von Minaretten verfassungsrechtlich untersagen wollte. Eine knappe Mehrheit der Bevölkerung befürwortete das Begehren, das von nationalkonservativen und fundamentalistischen christlichen Kreisen lanciert worden war, um, wie argumentiert wurde, das Minarett als «religiös-politisches Machtsymbol des Islam» zu verbieten. Die Initianten befürchteten, der Bau von Minaretten würde über kurz oder lang die Einführung des Gebetsrufs zur Folge haben und darüber hinaus einen «undemokratischen Alleinvertretungsanspruch zum Ausdruck bringen».

Diese Begründung ist in doppelter Hinsicht falsch, denn einerseits müsste man dasselbe Argument bei christlichen Kirchen anwenden, auf der anderen Seite unterscheidet sich ein Minarett in keiner Weise von einem Glockenturm, zumal es – wie auch Reinhard Schulze, Professor für Islamwissenschaften an der Universität Bern, betont – zur Moschee gehört wie der Kirchturm zur Kirche.

Ein Minarett ist an sich noch keine politisch-ideologische Botschaft, geschweige denn eine Forderung. Es kann im Gegenteil dazu dienen, die Gräben zwischen den Religionen zu schliessen, indem die Muslime nicht zu einem Schattendasein verdonnert werden. In diesem Sinn würde der Bau von Minaretten sogar zur besseren Integration und zum gegenseitigen Verständnis beitragen.

Kinder- und Zwangsehe

Besonders traurig und zugleich menschenverachtend sind Ehen, die zwischen zumeist erwachsenen Männern und minderjährigen Mädchen «verabredet» und geschlossen werden. Obschon diese Praxis kein islamspezifisches Problem darstellt und weit in die vorislamische Zeit zurückreicht, berufen sich Fundamentalisten auf den Propheten, dessen Lieblingsfrau Aischa laut Überlieferung gerade mal sechs oder sieben Jahre alt war, als sie mit Mohammed verheiratet wurde. Dies macht die Sache umso bedenklicher, zumal in Deutschland nach aktuellen Untersuchungen (Soukup, *Tages-Anzeiger,* 29.11.2016) mittlerweile fast 1500 Kinder und Jugendliche unter 18 Jahren verheiratet sind, davon über 360 unter 14 Jahren. Skandalös ist hierbei die Tatsache, dass der deutsche SPD-Justizminister Heiko Maas Kinderehen nur im Fall einer Gefährdung des Kindswohls auflösen will, während der Koalitionspartner CDU/CSU ein totales Verbot fordert.

Beschämend ist ferner, dass in der Schweiz nur gerade eine Politikerin in die Offensive gegangen ist, um diesen, diplomatisch formuliert, «Missstand» endlich auf breiter Ebene zu thematisieren. Im September 2015 hat die SVP-Nationalrätin Natalie Rickli beim Bundesrat die Anfrage eingereicht, wie hoch die Zahl der Kinderehen in der Schweiz sei. Die Antwort war alles andere als beruhigend, denn laut Justizministerin Simonetta Sommaruga habe die Anzahl Zwangsheiraten von Minderjährigen «in jüngster Zeit zugenommen». Bestätigt werden diese Angaben von der Fachstelle Zwangsheirat, einer politisch und religiös unabhängigen Institution, die in den ersten zehn Monaten des Jahres 2016 nicht weniger als 42 entsprechende Fälle von Jugendlichen unter 16 Jahren registriert hat. Hinzu kommen weitere 113 Fälle von Jugendlichen zwischen 16 und 18 Jahren, und man kann davon ausgehen, dass die Dunkelziffer weitaus höher ist.

Händedruck

Für Farhad Afshar, Präsident der Koordination Islamischer Organisationen Schweiz (KIOS), mag die seit einiger Zeit schon laufende Debatte über die Verweigerung des Händedrucks muslimischer Männer – und Frauen – gegenüber dem anderen Geschlecht keine Priorität haben; jedenfalls könnte dieser Eindruck entstehen, wenn er lapidar erklärt, dass man Grussformen nicht gesetzlich vorschreiben sollte. Afshar, ein Schweizer Soziologe iranischer Herkunft, hat sich in Bezug auf Verhaltensregeln schon mehrmals ziemlich pointiert geäussert, so etwa nach dem Blutbad in Orlando, Florida, im Juni 2016, als ein Terrorist mit afghanischen Wurzeln 50 Menschen in einem Schwulenklub erschoss. Der KIOS-Präsident meinte dazu lediglich, dass der Islam generell keinen Austausch von Zärtlichkeiten in der Öffentlichkeit toleriere, weder zwischen Hetero- noch Homosexuellen. Solche Äusserungen tragen gewiss nicht dazu bei, das Vertrauen gegenüber Muslimen zu stärken, ja sie sind sogar brandgefährlich in einer relativ angespannten Situation.

Eine ähnliche Haltung wie Farhad Afshar vertritt der Präsident der Föderation Islamischer Dachorganisationen Schweiz (FIDS), Montassar BenMrad, zum Thema des Händedrucks. In einem für die FIDS selbst erstellten Interview vom 3. April 2016 erklärte BenMrad, gebürtiger Tunesier, dass es zielführender sei, einen konstruktiven Dialog zu führen, als auf Konfrontation zu gehen, womit er ja grundsätzlich recht hätte. Das Problem ist nur, dass sich mit extremistischen Personen gar kein Dialog führen lässt, abgesehen davon, dass bestimmte Alltagsrituale in unserer Gesellschaft fest verankert und nicht verhandelbar sind.

Seinerseits wirkt BenMrad nicht gerade glaubwürdig, wenn er, wie im Oktober 2016 geschehen, an einem von Diyanet organisierten Treffen des sogenannten Eurasisch-Islamischen Rats in Istanbul teilnimmt und sich auf dem entsprechenden Gruppenbild mit Präsident Erdogan inmitten zahlreicher – auch islamistischer – Geistlicher und Topfunktionäre wiederfindet. Die Diskussion über die Verweigerung des Händedrucks beginnt dort, wo es um Anstands- und Benimmregeln in unserer säkularen Gesellschaft geht. Den Auslöser für die Auseinandersetzung um den vielzitierten Händedruck bildete ein Fall in der Gemeinde Therwil im Kanton Basel-Landschaft, wo sich zwei muslimische Schüler plötzlich weigerten, ihrer weiblichen Lehrperson die Hand zu reichen. Pikant an der Sache: Der Vater der beiden Jugendlichen ist ein umstrittener Prediger und Teil der Islamischen König-Faysal-Stiftung in Basel. Und noch pikanter: Die zwei Söhne des Imams hatten bereits auf der Social-Media-Plattform Facebook mit IS-freundlichen Kommentaren auf sich aufmerksam gemacht und ihre Bewunderung für den deutschen Salafistenprediger Pierre Vogel zum Ausdruck gebracht.

Bedenklich an diesem Fall ist vor allem die Haltung, welche die Schulleitung und die Behörden zunächst an den Tag legten, denn man wollte in der Tat erst ein Rechtsgutachten erstellen lassen, um eine definitive Entscheidung zu treffen; bis zu diesem Zeitpunkt wurden die Schüler mit einem Handschlagdispens «belohnt», der nach Überprüfung der Rechtslage wieder zurückgezogen wurde.

Die Rücknahme des Dispenses setzte ein absolut notwendiges Zeichen, denn die politische Linke sowie die Grünen üben sich nach wie vor in notorischer Verweigerung eines nüchternen Diskurses ausgerechnet über jene Themen, die gerade Rot-Grün am Herzen liegen sollten, und zwar die vollwertige Anerkennung der Frau als selbstbestimmtes und freies sowie an der Gesellschaft partizipierendes Wesen. Leider steckt die Linke in einem ideologischen Dilemma, da sie einerseits genau weiss, dass Handlungsbedarf besteht, jedoch auf der anderen Seite das Lied von der multikulturellen Harmonie inklusive aller Schattenseiten munter weiterspielen muss, um vor der Wählerschaft das Gesicht wahren zu können.

Vorfälle wie in Therwil treiben die Bürgerinnen und Bürger zur Weissglut, zumal man hier von einer Art Vorstufe der schleichenden Islamisierung bzw. Aufweichung der kulturellen Werte in einem europäischen Land reden muss. Denn die etwas merkwürdig anmutende Terminologie der «Islamisierung» meint nicht die demografische Entwicklung, bedingt durch eine rasche Zunahme der Geburten von Muslimen, sondern Forderungen, die nichts mit unserem Demokratie- und Gesellschaftsverständnis zu tun haben.

Ehre

Im Zusammenhang mit dem Islam (aber nicht nur) wird oftmals von «Ehre» und «Schande» gesprochen. Das sind Begriffe, die im Sog der Aufklärung in Europa eine komplett andere Bedeutung erhalten haben, als dies beispielsweise in islamisch geprägten Gesellschaften der Fall ist. Obschon sowohl der Koran als auch die Überlieferungen des Propheten Mohammed (Hadith) die Ehre mehr in Zusammenhang zu Gott stellen, halten sich die Traditionalisten an einen Ehrbegriff aus ihrer jeweiligen Stammeskultur, verknüpfen diesen jedoch mit der Religion. Problematisch wird es dann, wenn diese, schon rein historisch gesehen, abgewetzte Auslegung der Ehre in die Freiheit der Menschen, insbesondere in die Freiheit der Frau, eingreift und somit die Würde des Individuums mit Füssen getreten wird. Das belegen zahlreiche Vorfälle auch in etlichen europäischen Staaten, die von der Verstossung junger Frauen aus ihren Familien bis hin zum schlimmsten Aspekt, dem Ehrenmord, reichen. Die Gründe für derartige Massnahmen liegen meistens im «fehlbaren» Verhalten von Töchtern, die sich nicht an die von der Familie verordneten Zwänge in Bezug auf intime Beziehungen zu Nichtmuslimen halten. Eine junge muslimische Frau muss also damit rechnen, dass sie, wenn sie quasi eine «bi-konfessionelle» Beziehung eingeht, entweder in das Heimatland ihrer Familie verschleppt, vom familiären Umfeld ausgeschlossen oder sogar umgebracht wird.

Sehr gute und wirkungsvolle Arbeit leistet in diesem Bereich der israelisch-arabische Psychologe Ahmad Mansour in Berlin, dessen Projekt «Heroes» genau dort ansetzt, wo junge muslimische Männer und Jugendliche Probleme mit der Akzeptanz der Gleichberechtigung zwischen Mann und Frau bekunden. Mansour, der in seinen jungen Jahren selbst Gefahr lief, zum Islamisten zu werden, versucht mit seinem Team in akribischer Detailarbeit, junge Menschen mit zumeist arabischem und türkischem Hintergrund zu einer liberalen, den Werten der säkularen Gesellschaft entsprechenden Haltung zu bewegen. Im Idealfall werden diese nunmehr «aufgeklärten» jungen Muslime wieder in die Gesellschaft entlassen, um den ebenso gefährdeten Glaubensbrüdern als Vorbilder für eine emanzipatorische Sichtweise in Bezug auf Traditionen, Werte und Religion zu dienen.

Scharia

Kaum ein Thema, das im Zusammenhang mit dem Islam eine Rolle spielt, löst regelmässig eine solche Kontroverse aus wie die Diskussion um die islamische Rechtsprechung, die Scharia. Dazu muss man eingangs festhalten, dass es sich bei der Scharia nicht um eine Gesetzessammlung im engeren Sinn handelt, wie dies etwa beim demokratischen Rechtsstaat der Fall ist. Die Scharia gilt als die «Ordnung Gottes» und darf schon allein aus diesem Grund nicht durch von Menschen gemachte Gesetze und Verordnungen ersetzt werden. Basierend auf dem Koran, den Überlieferungen des Propheten und auf der normativen Interpretation frühislamischer Theologen regelt die Scharia vor allem das Ehe-, Erb- und Strafrecht. Ebenso Eingang in die Scharia finden die Gebots- und Verbotsregelungen, die jeder fromme Muslim strikt befolgen muss. Dazu gehören die Respektierung und Ausführung der folgenden fünf Grundpfeiler im Islam: das Glaubensbekenntnis, die Gebetsvorschriften, das Fasten, die Leistung von Almosen (Zakat) und die Pilgerfahrt nach Mekka.

Während die breite Öffentlichkeit in der christlich-säkularen Gesellschaft beispielsweise dem Familienrecht in der Scharia eher wenig Bedeutung beimisst, interessiert sie sich umso mehr für das Strafrecht bzw. Zuwiderhandlungen gegen die Rechtsprechung und entsprechende Strafmassnahmen wie die Amputation von Gliedmassen, die Todesstrafe bei Apostasie, die Steinigung von Ehebrecherinnen oder das Auspeitschen bei kritischen Äusserungen gegenüber dem nach der Scharia organisierten Staat. Grosse Aufmerksamkeit erregte der Fall des saudischen Bloggers Raif Badawi, der 2014 wegen «Beleidigung des Islam» zu zehn Jahren Haft und 1000 Peitschenhieben verurteilt wurde. Verständlicherweise stossen die drakonischen Regeln und Strafen in der Scharia beim Grossteil der aufgeklärten Bevölkerung auf wenig Gegenliebe, was sogar in Hass umschlagen kann. Hierbei gilt es zu erwähnen, dass die Scharia freilich nicht mit den Grundgesetzen der westlichen Zivilisation zu vereinbaren ist; das scheitert schon an der Tatsache, dass das islamische Regelwerk niemals eine Änderung oder Ergänzungen von Menschenhand zulässt. Es handelt sich um verbindliche Verpflichtungen eines jeden Muslims, Gottes Anordnungen zu folgen, um zumindest gute Chancen für den Eintritt ins Paradies zu haben.

Allerdings muss bezüglich der Anwendung der Scharia festgehalten werden, dass diese je nach theologischer Auffassung differieren kann, weshalb man nicht von einem einheitlichen Gesetz sprechen kann. Die Auslegung der Scharia wird etwa von den sogenannten Rechtsschulen, die ursprünglich aus mehreren Gelehrtenzirkeln bestanden, unterschiedlich gehandhabt. Die deutsche Islamwissenschaftlerin Christine Schirrmacher schreibt dazu in ihrem Buch *Scharia – Recht und Gesetz im Islam:* «Die Scharia ist zu keiner Zeit und an keinem Ort je vollständig zur Anwendung gekommen. Auch heute wird sie in den Staaten (wie z. B. Sudan oder Iran), die die ‹volle Wiedereinführung› der Scharia postuliert haben, nur teilweise praktiziert. In den meisten islamischen Ländern kommt heute ein Konglomerat zur Anwendung aus koranischen Geboten, Elementen der islamischen Überlieferung, dem arabischen Gewohnheitsrecht, vorislamischen sowie dem europäischen Recht entlehnten Elementen, die insbesondere während der Kolonialzeit in die islamische Welt Eingang fanden.» Von den vier sunnitischen Rechtsschulen legen die Schafiiten (nach Mohammed Ibn Idris asch-Schafii, um 768–820 n. Chr.) in der Rechtsfindung den Fokus auf die Überlieferungen (Hadith), während die Hanafiten (nach Abu Hanifa, 699–767) auch die persönliche Findung des Gelehrten mit einbeziehen. Die Malikiten (nach Malik Ibn Anas, um 713–795) orientieren sich an der Rechtsschule von Medina, gelten jedoch als kritisch in Bezug auf die konzessionslose Hadith-Verfechtung und anerkennen einen Rechtsentscheid auch unabhängig von den Überlieferungen und der Heiligen Schrift, wenn dieser zur Wahrung des öffentlichen Interesses dient. Als letzte der vier sunnitischen Rechtsschulen fungieren die Hanbaliten (nach Ahmad Hanbal, 780–855), die alle Gesetze aus dem Koran, der Sunna, den Hadith und dem Konsens der ersten Generationen («salaf as salih») ableiten. Die hanbalitische Rechtsschule gelangte durch den Begründer des Wahhabismus, Muhammad ibn 'Abd al-Wahhab (um 1702–1792), zu grösserer Bedeutung, weshalb sie heutzutage insbesondere in Saudiarabien und Katar massgebend ist.

Neben den vier sunnitischen existieren auch zwei schiitische Rechtsschulen, die Dschafariyya und die Zaidiyya, die von den Sunniten jedoch als unorthodox erklärt und deshalb abgelehnt werden.

Abschliessend gibt es zur Scharia noch zu konstatieren, dass diese auch den Antijudaismus fördert, was wiederum «erklärt», warum sich judenfeindliche Muslime explizit auf sie beziehen.

Jihad

Viele Menschen, darunter wohl auch solche, die sich als «Jihadisten» bezeichnen, wissen eigentlich gar nicht oder kaum, wovon sie sprechen oder was konkret unter diesem Begriff zu verstehen ist. Obschon der Terminus spätestens seit dem Aufkommen des islamistischen Terrorismus in den vergangenen 20 Jahren bis hin zur Erschöpfung medial kolportiert wurde, gehen nach wie vor viele davon aus, dass es sich hierbei in der Hauptsache um die Definition des «Heiligen Kriegs» handle, verbunden mit Gewaltanwendung gegen Andersgläubige.

In seiner ursprünglichen Deutung, wie sie vom Propheten überliefert wurde, sollte der Jihad zunächst ein Kampf sein, den der Gläubige mit sich selbst auszutragen hat. Darunter verstand Mohammed insbesondere die Abkehr von Lastern, moralisch verwerflichen Handlungen, Hochmut und so weiter. Kurz, der Jihad hatte nicht das Geringste mit Gewalt gegen vermeintliche «Ungläubige» zu tun. Allerdings änderte sich diese Auslegung bereits nach der Flucht Mohammeds aus Mekka nach Medina (Hidschra). Bis zu diesem Zeitpunkt war den Muslimen die militärische Selbstverteidigung verboten – trotz gewaltsamer Unterdrückung durch die Mekkaner. Mohammed liess seine Anhänger wissen, dass Gott den physischen Kampf im Fall von Angriffen gegen die muslimische Gemeinde erlaubt habe, dass ein solcher Kampf jedoch massvoll geführt werden solle. Gerade in Anbetracht der Ereignisse rund um den Terrorismus und den Islamischen Staat (IS) ist es wichtig, dies festzuhalten. Nicht die Vernichtung des Feindes steht im Zentrum des Gebots, sondern die Verteidigung der Gläubigen. In der Sura 2 al-Baqara, Vers 190, steht: «Und kämpft auf Allahs Weg gegen diejenigen, die gegen euch kämpfen, doch übertretet nicht! Allah liebt nicht die Übertreter!» Anders als die Islamisten bzw. Salafisten, die sich der Koranverse nach Belieben bedienen und diese auslegen, wie es ihnen gerade in den Kram passt, redet die Heilige Schrift im Zusammenhang mit dem Jihad in keiner Weise von einem «Heiligen Krieg» in Verbindung mit Mord und Totschlag.

Wenn sich islamistische Hassprediger auf oben genannte Verse beziehen, verkennen sie bewusst oder auch unbewusst, je nach theologischer «Erziehung», den historischen Kontext, in den man den Koran stellen muss. Dasselbe gilt für die Gelehrten der islamischen Frühzeit, die – wie es der österreichische Soziologe und Islamwissenschaftler Mouhanad Khorchide formulierte – «Kinder ihrer Zeit waren, deren gewaltverherrlichende Positionen im Widerspruch zur grossen Tradition des Korans standen, der den Frieden und die Barmherzigkeit zum obersten Prinzip erhebt» (*Die Zeit*, 22.7.2016). Hierbei geht es noch nicht einmal um die Frage nach der Interpretation von fraglichen Textstellen, sondern einzig um den historischen Hintergrund, vor dem die muslimischen Theologen damals standen. Es war eine Zeit des Kampfs, der Kriege und des alltäglichen Überlebens in einer Epoche, die voller Gefahren steckte.

An dieser Stelle sei auf die Tugend der christlichen Nächstenliebe verwiesen, die über viele Jahrhunderte hinweg nicht die geringste Bedeutung für die Gläubigen besass. Das Christentum des Mittelalters hatte nichts mit den Lehren Jesus' von Nazareth gemein, es wurden im Gegenteil im Namen des Herrn die schlimmsten Verbrechen begangen, was nur schon in den Kreuzzügen gegen die Muslime in brutalster Form zum Ausdruck kam. Genauso wenig wie der Katholizismus im christlichen Mittelalter im Sinn seines Heilands handelte, haben auch die selbsternannten «Jihadisten» herzlich wenig mit der (ursprünglichen) Botschaft Mohammeds zu tun, die er in den Mekkaner Jahren vor der Hidschra verkündet hatte. Mujahedin oder Jihadisten bedienen sich vor allem der Suren, die der Prophet nach der Hidschra weitergegeben hatte und die zweifellos eine Fülle von Gewalt beinhalten. Sie picken sich die für sie geeigneten Textstellen heraus und legitimieren damit ihre perversen mörderischen Handlungen.

Man darf nicht den Fehler begehen, die Jihadisten im deutschsprachigen Raum als kleine Minderheit zu betrachten, wenngleich die Zahlen selbstverständlich in keiner Relation zu denjenigen der friedfertigen Muslime stehen. Die Zahl der aus Deutschland ausgereisten potenziellen Terroristen und IS-Kämpfer schätzt man auf rund 1000, in Österreich stehen 300 im Fokus der Behörden und in der Schweiz etwa 90. Gerade die Schweiz hat in jüngster Vergangenheit mehrmals Aufsehen erregt durch junge Muslime, die in salafistischen Moscheen ein- und ausgingen, bevor sie in die Kriegsgebiete in Syrien ausreisten. Eine dieser Moscheen, in denen Jihadisten verkehrten, war in der Stadt Winterthur im Kanton Zürich beheimatet und hiess An'Nur (arab. das Licht). Die An'Nur-Moschee stand lange unter Beobachtung, insbesondere seit ein äthiopischer Imam zum Mord an allen Muslimen, die das gemeinsame Gebet verweigern, aufgerufen hatte. Ebenfalls zum Umfeld der Moschee gehörte der zweimalige Thai-Box-Weltmeister Valdet Gashi. Der Deutsche mit albanischen Wurzeln leitete in Winterthur ein spezielles Kampftraining für Jugendliche, die er offensichtlich für den IS anwerben konnte, bevor er selber ausreiste und 2015 in Syrien vermutlich getötet wurde. In der Zwischenzeit wurde der Kulturverein An'Nur aufgelöst und die Moschee seitens der Betreiber geschlossen.

Gewalt

Auch wenn die führenden Islamverbände in Deutschland, Österreich und der Schweiz ständig betonen, dass die Gewalt gegenüber Andersdenkenden an sich nichts mit dem Glauben zu tun habe, bekunden sie doch stets Mühe, sich konsequent davon zu distanzieren. Dies wird offenbar, wenn von vielen Seiten die Forderung gestellt wird, öffentlich Stellung zu beziehen und die Islamisten in die Schranken zu weisen. Bislang hat jedoch kein einziger Vertreter der grossen islamischen Verbände entsprechende Massnahmen ergriffen; man belässt es jedes Mal bei den obligaten Worthülsen, die nicht das Geringste bewirken. Hierin unterscheiden sich die Verbände in keiner Weise von den Politikern, die gebetsmühlenartig Trauerbekundungen von sich geben, wenn wieder einmal ein Terroranschlag stattgefunden hat.

Der 1931 in Syrien geborene ehemalige Gymnasiallehrer Jawdat Said vertritt zwar auch die These eines gewaltlosen Islam, aber im Gegensatz zu den blossen Lippenbekenntnissen oben erwähnter Verbände leistet er beeindruckende Arbeit. Bereits in jungen Jahren – er wurde an Kairos berühmter Al-Azhar-Universität in arabischer Sprache ausgebildet – entwickelte er ein Bewusstsein für den Pazifismus und widmete sich in den 1960er-Jahren der Gewaltlosigkeit im Islam, wofür er sogar ins Gefängnis wanderte.

Saids Gesinnung geht auf seine Studienzeit in Ägypten zurück, als er Zeuge der wachsenden Spannungen zwischen den Muslimbrüdern und Nasser wurde, zumal die Muslimbrüder eine zunehmende Militanz an den Tag legten und immer stärkere Repressionen vonseiten Nassers provozierten. Mit der Publikation seines ersten Werks *The Doctrine of the First Son of Adam or The Problem of Violence in the Islamic Action* kritisierte er die militante Haltung des führenden Theoretikers der Muslimbruderschaft Sayyid Qutb, der 1954 im Zug eines gescheiterten Attentats auf Nasser, mutmasslich begangen von der Bruderschaft, zunächst inhaftiert und zu 25 Jahren Gefängnis verurteilt wurde. Qutb wurde zehn Jahre später freigelassen, nachdem sich der irakische Präsident Abd as-Salam Arif bei Nasser für ihn eingesetzt hatte. Aufgrund seiner anhaltenden islamistischen Umtriebe wurde Qutb jedoch erneut angeklagt und 1966 schliesslich durch den Strang hingerichtet.

Jawdat Said, der auch als «arabischer Ghandi» bezeichnet wird, ist in westlichen Ländern leider fast zur Gänze unbekannt, obwohl er – selbst im hohen Alter – als ein scheinbar rastloser Überzeugungstäter unterwegs ist, immer bestrebt, die Muslime mit der Ethik der Gewaltlosigkeit vertraut zu machen.

5. Konvertiten: Rückkehr ins Mittelalter

Sie lösen Unbehagen, wenn nicht gar Angst aus und scheinen aus einer anderen Welt zu kommen. Sie kleiden sich oftmals in Gewänder, die Teil des Kostümbestands eines Theaters sein könnten. Während die Männer lange Bärte tragen, verstecken sich ihre Frauen hinter dem Nikab und erklären, dass sie es für Gott und den Mann tun. Sie verschliessen sich ihrer säkularen Umgebung meistens komplett und nehmen nach Möglichkeit kaum am Erwerbsleben teil. Ihre Kinder werden indoktriniert und dazu angehalten, die Wertvorstellungen der abendländischen Zivilisation abzulehnen und nach vermeintlich islamischen Regeln zu leben. Für Mädchen wird das Tragen eines Kopftuchs zur Pflicht, den Knaben wird beispielsweise vermittelt, einer Frau den Handschlag zu verweigern. Salafistische Konvertiten begründen dies mit dem angeblichen Respekt vor der Frau, tatsächlich aber handelt es sich um nichts anderes als offen praktizierte Unterdrückung und Beherrschung aus frauenfeindlichen Motiven.

Doch weshalb zieht es so viele insbesondere junge Menschen, die in einem christlich oder gar atheistisch geprägten Umfeld aufgewachsen sind, zum Islam? Einer Religion bzw. Kultur, die ihnen völlig fremd ist und die von Regeln bestimmt wird, die dem gewohnten Lebensstil der sogenannten westlichen Gesellschaften diametral entgegenstehen? Warum konvertieren Menschen freiwillig, unterwerfen sich einem Glauben mit all seinen Konsequenzen und gehen sogar das Risiko ein, sowohl Freunde und Verwandte als auch die Arbeitsstelle zu verlieren? Die Antwort oder vielmehr die Antworten darauf sind vielfältig.

Im schlimmsten Fall verurteilen Konvertiten sich selbst zu einem Leben im sozialen Abseits, vor allem, wenn sie die Zugehörigkeit zum Glauben auch äusserlich zum Ausdruck bringen.

In gewisser Weise handelt es sich um eine «Selbstkasteiung» mit dem Wunsch, nahezu alles auf dem Müllhaufen der eigenen Vita zu entsorgen und in der Frömmigkeit den Sinn des Lebens zu finden.

Das Problem Islamischer Zentralrat der Schweiz

Obschon die Menschen, die sich zur Konversion hingezogen fühlen und diese eines Tages durch das Glaubensbekenntnis «Es gibt keinen Gott ausser Allah, Mohammed ist sein Prophet» auch vollziehen, unterschiedliche Biografien aufweisen, haben viele, gerade junge «Neo-Muslime», eines gemeinsam: Sie sind auf der Suche nach einer geordneten Struktur im Leben, die sowohl das Bedürfnis nach Einbettung in eine in sich geschlossene Community abdeckt als auch eine Lebensweise nach mitunter strengen Regeln beinhaltet. Auf den ersten Blick erscheint dies angesichts der Vorherrschaft des Hedonismus in einer freiheitlichen Gesellschaft nicht nachvollziehbar, da ausgerechnet Jugendliche und junge mündige Erwachsene normalerweise Mühe mit Regeln bekunden und gegen diese auch durch provokatives «halbstarkes» Verhalten aufbegehren.

Anders verhalten sich Konvertiten, die erst im fortgesetzten Alter das islamische Glaubensbekenntnis ablegen. Auch wenn sie im Kern von ähnlichen Gedanken geleitet werden wie junge Menschen auf der Suche nach einem («religiösen») Sinn im Leben, ist älteren Konvertiten zumeist ein schwerer Schicksalsschlag der Grund, weshalb sie sich für ein von der Religion bestimmtes Leben entscheiden und ihr Heil im Glauben suchen. Der Anteil der älteren Konvertiten ist im Verhältnis zu den jüngeren jedoch verschwindend gering, abgesehen davon, dass ein lebenserfahrener konvertierter Muslim dem Salafismus eher skeptisch bis ablehnend gegenübersteht. Aus diesem Grund muss der Fokus auf die jungen Konvertiten gelegt werden, deren Wege vom Säkularismus zum Salafismus sich zum Teil stark ähneln und die namentlich als Führungsleute eine radikale, intolerante Position an den Tag legen.

Obgleich sich in den letzten Jahren europaweit eine Salafistenszene formiert hat, beschränken wir uns hier auf den deutschsprachigen Raum und im Besonderen auf die Schweiz, die gottlob bislang zwar von Terroranschlägen mit islamistischem Hintergrund verschont geblieben ist, jedoch eine zentrale Funktion für entsprechende Verbände und Netzwerke einnimmt (siehe Kapitel 3 und 4). Teil dieser Netzwerke, bei denen die Moscheen eine entscheidende Rolle spielen, ist auch der sogenannte Islamische Zentralrat der Schweiz (IZRS), ein undurchsichtiges, aber mit einer eindeutigen Schlagseite versehenes Konstrukt, das von konvertierten Schweizer Muslimen gegründet wurde und geführt wird. Die Köpfe dieser Organisation, der Bieler Nicolas Blancho und der Schaffhauser Patric Illi, nehmen für sich in Anspruch, alle Muslime in der Schweiz zu vertreten. Tatsächlich vertritt der IZRS aber eine verschwindend kleine Minderheit der Muslime in der Schweiz. Der Verein steht unter Beobachtung des Schweizer Nachrichtendiensts und agiert nach aussen und im Innern geradezu diktatorisch. Das wird schon dadurch offenbar, dass sich – ausser Illis stets vollverschleierter Frau – kaum jemand vom IZRS in der Öffentlichkeit oder gegenüber den Medien zu Wort meldet. Der IZRS-Präsident Nicolas Blancho und sein Pressesprecher Patric Illi stehen stellvertretend für jene Salafisten, die nicht zuletzt aufgrund ihrer Geburt in einer von Prosperität und sozialem Frieden geprägten Gesellschaft überhaupt die Chance erhalten haben, sich des freien Wortes zu bedienen. Ihre soziale Abfederung ermöglichte es ihnen, sich akademisch zu bilden (beide sind studierte Islamwissenschaftler) und sich heute voll und ganz der Verbreitung ihrer ideologisch hochgradig gefährlichen Thesen zu widmen. Ihre Forderungen an den Staat beinhalten etwa die Schaffung eigener Schulen und Schwimmbäder für Muslime, was den Wunsch nach einer Parallelgesellschaft impliziert. Der IZRS engagiert sich darüber hinaus für die Akzeptanz von Verhaltensweisen, die auf archaischen Werten beruhen und mit dem Courant normal in der säkularen Zivilisation in keiner Weise zu vereinbaren sind. So hat sich der IZRS beispielsweise für die zwei Schüler in der Gemeinde Therwil eingesetzt, die sich plötzlich weigerten, ihrer Lehrerin die Hand zu geben.

Der freundliche Scharfmacher

Der in behütete Familienverhältnisse hineingeborene Nicolas Blancho führte bis zu seiner Konversion ein für einen Jugendlichen völlig normales Leben. Hip-Hop-Musik gehörte ebenso zu seinen Leidenschaften wie die umtriebige Bieler Sprayerszene, und nach der Sekundarschule begann er eine Lehre als Drucker, die er abbrach, um das Gymnasium zu besuchen. Als Blancho im Alter von 16 Jahren einen albanischen Freund verlor und im Zug von dessen Bestattung zum ersten Mal mit islamischen Werten in Berührung kam, begann er, sich intensiver mit diesem Glauben zu beschäftigen. Dabei entwickelte er offenbar eine derart grosse Begeisterung, dass er den Islam binnen kurzer Zeit annahm. Für Blancho schien der Tod des albanischen Jungen eine Art Weckruf gewesen zu sein, um sich mit Dingen auseinanderzusetzen, die tiefere Bedeutung hatten als das hedonistische und nur auf den Augenblick fokussierte Leben. Auf dem Gymnasium entpuppte sich seine Radikalisierung etwa darin, dass er sich weigerte, im Rahmen von Buchbesprechungen Werke von Autorinnen auszuwählen. Doch anstatt ihn zu massregeln, wurde seiner Weigerung stattgegeben. Die Lehrerschaft leistete seiner weiteren Entwicklung, die irgendwann im Salafismus mündete, dadurch unbeabsichtigt Vorschub, was gerade die Schulbehörden heute dringend vermeiden sollten. Insofern setzte die Rücknahme des Dispenses von Therwil ein absolut notwendiges Zeichen.

Der Mann, der auch als «freundlicher Scharfmacher» (*Die Weltwoche,* Ausgabe 14/2010) bezeichnet wird, machte national zum ersten Mal auf sich aufmerksam, als er 2006 im Rahmen einer von ihm selbst organisierten Demonstration auf dem Bundesplatz in Bern zum Protest gegen die in einer dänischen Zeitung publizierten Mohammed-Karikaturen aufrief. Blanchos Fanatismus zeigte sich auf unmissverständliche Weise angesichts seiner Äusserungen zur schweizerischen Gesetzgebung, die er «im Zweifelsfall» nicht akzeptieren würde, da die Scharia über allem stünde. Seit der Gründung des IZRS im Jahr 2009, laut Blancho eine Reaktion auf die Annahme der Minarettverbots-Initiative, werden die Forderungen an den Staat seitens der Führung des

Vereins immer lauter. Blancho und seine Kamarilla streben eine Parallelgesellschaft an, eine nach aussen abgeschottete islamische Community mit eigenen Schulen, eigener Verwaltung, eigenen Gewerbetreibenden, kurz: eine ähnlich den Amish in den USA vom Rest der Gesellschaft völlig abgekoppelte Gemeinschaft – bloss mit dem Unterschied, dass die Amish People keine religiösen Allmachtsansprüche an den Tag legen.

Viel Beachtung und Resonanz findet Blancho zudem in den arabischen Radio- und TV-Sendern der Staaten am Golf. Nicht nur, dass er dort schon fast den Status eines Stars geniesst, da er aufgrund seiner Herkunft und Haltung einigermassen exotisch wirkt, er verbreitet auch regelmässig das Bild einer rassistischen, islamophoben Schweiz, in der Muslime systematisch diskriminiert würden. Dadurch zieht er freilich die Aufmerksamkeit potenzieller Financiers auf sich, wie das Beispiel der Organisation Eid Al Thani Charity zeigt.

Die sich selbst als «Wohltätigkeitsorganisation» bezeichnende und in Katar ansässige Vereinigung, die sogar vom US-Finanzministerium der Finanzierung von Terrorgruppen verdächtigt wird (*Tages-Anzeiger,* 27.11.2016) und vom israelischen Verteidigungsministerium sogar schon 2008 verboten wurde, unterhält beste Beziehungen zum IZRS (*20min,* 27.11.2016). So bedankte sich Blancho per Videonachricht für die Unterstützung aus dem Golfstaat Katar, indessen Pressesprecher Illi Zahlungen zunächst bestätigte, sie dann aber kurioserweise plötzlich dementierte.

Mit Katar unterhält Blancho offenbar weitere sehr gute Beziehungen, hat er doch 2014 mit einem Emir aus Katar – Abdulaziz Abdulrahman Hassan Al Thani – den Verein Qoranona («Unser Koran») in Bern gegründet, der sich nun Institut der Leute der Sunna und der Weggefährten (des Propheten) nennt und offen den Salafismus predigt und unterrichtet.

Zu «guter» Letzt ist Blancho neben radikalen Predigern aus dem Balkan wie Bekir Halimi, Ahmed Kalaja, Shefqet Krasniqi, Ekrem Avdiu, Enes Rama oder Mohamed El Arifi, der mit einem Einreiseverbot in die Schweiz belegt worden ist, Mitglied (Nr. 90) der Muslim Scholar Association, einer Organisation, die beispielsweise heftig gegen den Bau einer Kirche in Bahrain protestierte und der Meinung ist, dass weder Kirchen noch Synagogen auf islamischer Erde geduldet werden dürfen.

Der aggressive Provokateur

Patric Illi, der Pressesprecher des IZRS, weist eine etwas andere Biografie als Nicolas Blancho auf. Er war in seiner Jugend praktizierender Christ und stammt aus zerrütteten Familienverhältnissen: Scheidungskind, Vater Alkoholiker, aufgewachsen in einer evangelikalen Pflegefamilie. Illi wurde religiös quasi «angefixt», zumal seine leiblichen Eltern mit dem Glauben nichts am Hut hatten. Später, nach der Sekundarschule, vollzog er binnen kurzer Zeit eine drastische Wandlung und stürzte sich in die damals sehr populäre Technoszene, wo er sich als Partyveranstalter mit zum Teil etwas dubiosen Methoden betätigte (Ryser, *WOZ*, Ausgabe 34/2016). Illi verabschiedete sich dann Knall auf Fall aus diesem Umfeld und war – wieder einmal – auf der Suche nach einer Aufgabe, mit der er sich identifizieren konnte. 2002, im Zug der Volksabstimmung über den Uno-Beitritt der Schweiz, tauchte er plötzlich an der Seite von Lukas Reimann auf, dem heutigen Präsidenten der Aktion für eine unabhängige und neutrale Schweiz (Auns) und Nationalrat der Schweizerischen Volkspartei (SVP). Illi wurde Mitglied der Auns und engagierte sich in politischen Fragen, was zur Folge hatte, dass er vermehrt antiisraelische Ressentiments hegte, schliesslich die Juden ganz offen in Generalverdacht nahm und sich immer häufiger in antisemitischen Hasstiraden übte – bis hin zum öffentlichen Verbrennen einer Israel-Flagge. Damit bereitete er sich selbst den Boden auf dem Weg in den Islamismus, der sich unter anderem auch durch seinen rabiaten Antisemitismus auszeichnet. Nicht zuletzt deshalb finden sich in islamistischen Kreisen auch viele Holocaust-Leugner.

Menschen, die in der Vergangenheit mit Patric Illi zu tun hatten, bekundeten, der Mitbegründer des IZRS habe schon früher in jeder Sache eine Art «Mission» gesehen; ob er sich als fundamentalistischer Christ betätigte oder Technopartys organisierte: Sein Handeln sei stets von glühendem Ehrgeiz begleitet gewesen, was im Jahr 2003 ebenfalls zum Ausdruck kam, als er in Zürich Flugblätter gegen den «zionistischen Apartheid-Staat

Israel» verteilte und dabei seine spätere Frau Nora kennenlernte. Die junge Frau, die damals in der Punkszene verkehrte, teilte offenbar Illis Begeisterung für die Sache der Palästinenser und seinen Judenhass. Sie konvertierte ebenfalls und ist heute als «Frauenbeauftragte» im IZRS tätig.

Nora Illi, Tochter eines Psychotherapeuten und einer Sozialpädagogin, lässt in ihren medialen Auftritten jeweils keinen Zweifel offen, für welches Islamverständnis sie steht und welche Auffassungen sie etwa in Bezug auf die Jihadreisen junger verblendeter Menschen in die Kriegsgebiete vertritt. So lobte sie auf der Homepage des IZRS besagte junge Männer und vor allem Frauen für deren «Zivilcourage». Sie setzt sich für die Vielehe ebenso ein, wie sie die Steinigung für Ehebrecherinnen nicht eindeutig verurteilt. Forderungen wie das fünfmalige Gebet auch am Arbeitsplatz oder die Toleranz gegenüber der Vollverschleierung sowie der geschlechtergetrennte Schwimmunterricht erscheinen dagegen als harmlose Nebenschauplätze.

Die vermeintliche Konziliante

Janina Rashidi ist im Zentralrat zuständig für Public Relations. Rashidi, ehemalige professionelle Balletttänzerin, befasste sich während einer verletzungsbedingten Pause vertieft mit dem Koran, nachdem der Islam bereits zuvor eine Faszination auf sie ausübte. Im Gegensatz zu ihren Glaubensgenossinnen vom IZRS verspürte sie schon vor ihrer Konversion eine Affinität zu religiösen Fragen, weshalb sie 2012 Israel und die Palästinensergebiete bereiste. Laut ihren Aussagen entdeckte die Christin in der Folge viele Gemeinsamkeiten zwischen dem Islam und ihren persönlichen Vorstellungen von Glauben, Gesellschaft und Moral, worauf sie sich zur Konversion entschloss. Obwohl innerlich schon fest im neuen Glauben verankert, wagte es Rashidi erst nach und nach, ihre Identifikation mit dem Islam auch ostentativ zu leben, was jedoch immer radikalere Ausmasse annahm. Bald einmal übernahm sie die Praxis des gegenüber Männern verweigerten Handschlags. Ihr Verhältnis zu Männern begrenzt sich heute nur noch auf die Kontakte im Rahmen ihres Studiums der Islamwissenschaften, das sie schon vor der Konversion angetreten hatte, und sie ehelichte einen Muslim, um das Bild sozusagen «abzurunden».

Rashidi sagt von sich selbst, sie sei glücklich, Allah dienen zu dürfen. Sie habe dadurch auch den eigenen Drang, immer mehr erreichen zu wollen, ablegen können. Obwohl sie eigentlich konziliant wirkt und, anders als ihre «Mitstreiter» Patric und Nora Illi, kein aggressives Verhalten an den Tag legt, vermittelt auch sie ein betont rückständiges Islamverständnis, das in einer modernen, säkularen Gesellschaft mit ihren lange erkämpften Freiheiten keinen Platz hat bzw. haben darf.

Religiös verklärte Argumentation

Andere Schweizer Konvertiten wie der Bündner Bauzeichner und Vorsteher der Mahmud-Moschee in Zürich Walter Tarnutzer haben sich in der Vergangenheit nach aussen zwar liberal gegeben, doch lässt ihre einschlägige Verhaltensweise nicht in jeder Hinsicht auf Toleranz schliessen. Tarnutzer, der bereits 2009/10 im Rahmen einer *DOK*-Sendung des Schweizer Fernsehens über zum Islam konvertierte Schweizer porträtiert wurde, vertrat neben seinem Bekenntnis zum Frieden und der Absage an Zwang im Glauben gleichzeitig eine reaktionäre Einstellung, was beispielsweise das gemeinsame Duschen seiner Söhne mit deren Sportkameraden betraf. Der «Emir» der Ahmadyyia-Gemeinschaft Tarnutzer, dem vor seiner Konversion als 19-Jähriger angeblich der Prophet im Traum erschienen sei, weigerte sich zudem, sowohl seine Kinder als auch die aus Pakistan stammende Ehefrau, die ihm der damalige Imam der Mahmud-Moschee vermittelt hatte, zu Wort kommen zu lassen. Er bestand darauf, seine Frau – wenn überhaupt – nur mit Nikab zu zeigen. Eine Haltung, die eines progressiven Muslims kaum würdig und dem Vertrauen nicht gerade förderlich ist.

In derselben Dokumentation äusserte sich auch eine Schweizerin, die im Zug ihrer Heirat mit einem Muslim konvertiert war. Als Begründung führte sie primär nicht etwa die Liebe zu ihrem Mann an, sondern die Tatsache, dass es andernfalls «eine Mauer gegeben hätte, um eine Familie zu gründen und Kinder zu haben», wie sie erklärte. Hier zeigt sich einmal mehr eine irrationale, weil religiös verklärte Argumentation, bei der ein Partner die Anerkennung einer ideologisch totalitären Frömmigkeit nur dann erfährt, wenn er sich zum Glauben des anderen ausdrücklich bekennt. Eine solche Haltung hat nicht das Geringste mit einer freien Entscheidung zu tun, wenn sie – egal, aus welchen Motiven auch immer – eine Voraussetzung für zwischenmenschliche Beziehungen bildet.

«Lies!»

Ab 2011 setzte zunächst in Deutschland eine neue Welle salafistischer Missionierung ein, die aus dem Internetportal «Die wahre Religion» erwuchs. Hinter der Aktion namens «Lies!», benannt nach der Aufforderung des Erzengels Gabriel an Mohammed, Gottes Wort zu lesen, steckte Ibrahim Abou-Nagie, ein in Deutschland lebender Islamist mit palästinensischen Wurzeln, der schon vor laufenden Kameras ganz offen erklärt hat, dass ihn die Gesetze des Rechtsstaats nicht interessieren. Er verherrlicht den Märtyrertod genauso, wie er die Todesstrafe für Homosexuelle befürwortet. Insbesondere hat er durch die Verteilung kostenloser Koranexemplare in den Fussgängerzonen von Deutschlands Grossstädten breite Aufmerksamkeit auf sich gezogen.

Tatkräftige Unterstützung bei dieser Verteilaktion – mit dem Ziel, 25 Millionen Korane unter die Menschen zu bringen – erhielt Abou-Nagie vor allem vom berüchtigten Salafistenprediger und Konvertiten Pierre Vogel sowie von dessen Kollegen Sven Lau, ebenfalls ein Konvertit. Vogel ist seit Jahren schon als führender Aktivist in dieser Szene tätig und versucht, jungen Muslimen wie auch Nichtmuslimen den Wahhabismus näherzubringen bzw. Letztere zur Konversion zu bewegen. Früher ein vielversprechender Profiboxer, treibt er immer wieder ein Doppelspiel. Mehrfach hat er sich zwar gegen Gewalt, Zwangsheiraten, Ehrenmorde und Terroranschläge ausgesprochen, zugleich aber fordert er eine Parallelgesellschaft und unterscheidet in für Salafisten typischen Denkmustern streng zwischen islamisch und unislamisch oder auch rein und unrein. Darüber hinaus provoziert Vogel gerne mit den Insignien des Islamischen Staats und lobt die islamistische Miliz in Syrien als «Freiheitskämpfer». Infolgedessen steht er unter Beobachtung des deutschen Verfassungsschutzes, zumal sich mindestens 140 Personen aus dem Umfeld von Vogel und Abou-Nagie in den Irak und nach Syrien begeben haben, um für den IS zu kämpfen. Sven Lau steht indes wegen Unterstützung einer terroristischen Vereinigung vor Gericht.

Dies und die Tatsache, dass die Organisation «Die wahre Religion» nicht nur Hassbotschaften aussendet, sondern auch gerade junge Muslime dazu anstachelt, die demokratische Grundordnung mit ihren rechtsstaatlichen Prinzipien nicht nur abzulehnen, sondern auch dagegen anzukämpfen, bewog den deutschen Innenminister Thomas de Maizière dazu, die Organisation und damit auch die Aktion «Lies!» zu verbieten. In der Folge wurden Razzien in rund 200 Wohnungen und Büros durchgeführt, um Beweise sowie Vermögenswerte zu konfiszieren.

Es wäre naiv gewesen, zu glauben, ein Verbot hätte die Salafisten auch nur im Entferntesten beeindruckt, denn sie konnten einfach in die Nachbarländer ausweichen und sind heute besonders in der Schweiz aktiv. Auch hier kommt einmal mehr die von Arglosigkeit geprägte Praxis der Schweizer Behörden zum Tragen, zumal die Bundesanwaltschaft bislang keinen Grund sieht, gegen die «Lies!»-Aktivisten vorzugehen. Das hängt primär damit zusammen, dass in der Schweiz äusserst hohe Hürden bestehen, wenn es darum geht, in die Meinungsäusserungsfreiheit einzugreifen. Das Verteilen des Korans oder einer extremen Kommentierung davon ist noch kein Grund, um einzuschreiten.

Die Szene wird vorläufig lediglich vom Nachrichtendienst beobachtet. Im Gegensatz dazu will der kantonale Berner Polizeidirektor Hans-Jürg Käser (FDP) auch in der Schweiz ein Verbot der «Lies!»-Stände durchsetzen, mit der richtigen Begründung, dass die Bewegung äusserst gefährlich und unter anderem dafür verantwortlich sei, dass junge Menschen in den Jihad zögen. Leider steht Käser dabei ziemlich alleine da; Bundesanwalt Michael Lauber ist der Meinung, dass die Szene besser kontrolliert werden könne, solange sie aufgrund eines Verbots nicht in den Untergrund abtauchen würde, indes der Basler Professor für Staatsrecht Markus Schefer betont, dass die Verhängung eines Verbots «eine schwerwiegende Gefährdung der Sicherheit» voraussetze.

Nach dieser Argumentation müsste man jede Organisation gewähren lassen, die sich antidemokratisch und menschenverachtend gebärdet, was gleichzeitig die Frage aufwirft, weshalb denn 1995 ein sogenannter Antirassismus-Paragraf eingeführt wurde, der neben der absolut unbestrittenen Strafverfolgung von rassistischen Äusserungen und Handlungen die Menschenwürde des Einzelnen sowie den öffentlichen Frieden schützen sollte.

Deutschland ist hier um einiges schärfer, was die Antirassismus-Strafnorm und verfassungsgefährdende Umtriebe anbelangt. Und selbst dort wurde im Januar 2017 die Nationaldemokratische Partei Deutschland (NPD) mangels tatsächlichen Gefährdungspotenzials nicht verboten – trotz expliziter Einstufung der NPD als verfassungsfeindliche Partei durch das Bundesverfassungsgericht.

Fortschrittliches Österreich

Progressive Muslime haben auch in Österreich mit dem Phänomen salafistischer Konvertiten zu kämpfen, wie überhaupt der deutschsprachige Raum offensichtlich im Zentrum entsprechender Aktivitäten steht. Besonders der Verein Iman sticht hierbei hervor und fällt regelmässig durch Aktionen in der Öffentlichkeit auf, auch arbeitet er eng mit dem IZRS zusammen. Schon nur ein Blick auf die Facebook-Seite des Vereins lässt erkennen, dass hier Leute am Werk sind, die versuchen, gerade die Menschen auf der Strasse für den Islam zu begeistern. Sie bedienen sich dabei, gelinde gesagt, zweifelhafter Methoden, indem sie die Gespräche, die dabei entstehen – es handelt sich eher um eine penetrante Überzeugungsstrategie –, auf Facebook posten und die Leute blossstellen. Diese «Erfahrungen» lassen sie dann beispielsweise in sogenannten Workshops des IZRS einfliessen, wie dies etwa im März 2017 in Bern in der Schweiz der Fall war. Hintergrund dieser Umtriebe ist die Ausbildung von Missionaren, um die Da'wa, die – schönfärberisch ausgedrückt – Einladung zum Islam, voranzutreiben.

Dabei sind die österreichischen Muslime aufgrund des Rechtsstatus ihres Glaubens in einer vorteilhaften Position gegenüber ihren Brüdern und Schwestern in allen anderen europäischen Staaten. Bereits 1912 wurde der Islam als Religionsgemeinschaft staatlich anerkannt, was der muslimischen Gemeinde beispielsweise ermöglicht, analog dem christlichen Religionsunterricht islamischen Unterricht zu geben. Die österreichische Islamwissenschaftlerin Anna Strobl hielt 2006 in einer religionssoziologischen Untersuchung fest, dass zum damaligen Zeitpunkt etwa 200 Lehrkräfte an öffentlichen Schulen islamischen Unterricht erteilten, nach staatlich approbierten Lehrplänen. Dies dürfte nicht zuletzt auch ein Grund dafür sein, weshalb die überwältigende Mehrheit der Muslime in Österreich kaum durch Forderungen auffällt, wie sie etwa in Deutschland oder der Schweiz in den letzten Jahren zugenommen haben. Insofern könnte die staatliche Anerkennung der islamischen Religionsgemeinschaft den Extremisten in den beiden genannten Ländern den Wind aus den Segeln nehmen und die gefährliche Sogwirkung auf junge Menschen erheblich reduzieren.

Ein weiterer Schritt hin zu einer legalen Verpflichtung muslimischer Einwanderer, sich an die kulturellen und sozialen Gepflogenheiten des Gastlandes zu halten, ist das neue Integrationsgesetz, initiiert vom österreichischen Aussen- und Integrationsminister Sebastian Kurz. Dazu gehören unter anderem ein landesweites Burkaverbot, weil die Burka das Symbol einer Parallelgesellschaft ist und einen Angriff auf die Werteordnung und die Gleichstellung von Mann und Frau darstellt, und das Verbot von Koranverteilungen durch salafistische Kreise, die auch in Österreich in der Öffentlichkeit von sich reden machen. Kurz macht in einem Interview mit der Tageszeitung *Blick* deutlich, dass sich Einwanderer an Sprach- und Integrationskursen beteiligen müssen, ansonsten ihnen die Sozialhilfe gestrichen wird. Gleichzeitig sollen die zu integrierenden Menschen dazu angehalten werden, einen Job zu finden oder, wenn dies scheitert, gemeinnützige Arbeit zu leisten. Das österreichische Integrationsgesetz kann den säkularen Muslimen, die einen europäisch-demokratisch orientierten Islam wollen, sehr nützlich sein, und es wäre problemlos auf andere Länder übertragbar.

Bildung und soziale Abfederung

Selbstverständlich sind nicht alle Menschen, die glauben, im Islam das Heil für ihre mannigfaltigen Probleme zu finden, als potenzielle Salafisten, geschweige denn als Terroristen, unter Generalverdacht zu stellen. Freilich, unter den geschätzten 35 000 bis 40 000 Islamisten auf deutschem Boden befinden sich rund 30 Prozent Konvertiten, wie der französische Politologe Olivier Roy festhält (*Le Djihad et la mort*, 2016). Allein diese Zahl gibt nicht nur zu denken, sondern sie ist sogar erschreckend hoch. Gemessen am Anteil von Muslimen in der deutschen Gesellschaft, der zwischen 3 und 4 Millionen liegt, macht dies gerade mal ein Prozent aus, und von diesen werden gewiss nicht alle ein Leben lang die wortgetreue Auslegung des Korans befürworten. Der individuelle Lebensweg mit unterschiedlichen Stationen, namentlich von jungen Konvertiten, deren Reifeprozess in der Adoleszenz erst im Begriff ist zu beginnen, führt bei vielen irgendwann zu einem Umdenken. Dasselbe Muster zeigt sich auch bei anderen Jugendlichen und jungen Erwachsenen, die gegen ihr aus Eltern, Lehrern und anderen Autoritäten bestehendes Umfeld rebellieren und nicht zuletzt auch Abenteuer in verschiedensten Gruppierungen suchen. Gefährlich wird es erst, wenn sich solche Gruppierungen entweder am Rand der Kriminalität bewegen oder in sektiererischer Manier danach trachten, junge Menschen zu ideologisch-politischen und/oder religiösen Zwecken zu indoktrinieren.

Patentrezepte, wie solche Auswüchse in unserer Gesellschaft bestmöglich verhindert werden können, gibt es selbstverständlich nicht. Wenn sich junge Leute mit dem salafistischen Virus anstecken, kann man nur hoffen, dass sie diesen eines Tages selbst bekämpfen, gewissermassen selber ein Antiserum finden werden und während ihrer Irrfahrt möglichst keinen Schaden anrichten. Leute wie Nicolas Blancho und Patric Illi in der Schweiz oder Pierre Vogel und Sven Lau in Deutschland muss man wohl oder übel als verloren betrachten, zumal sie bereits zu tief in ihren Denkmustern von «reinen» und «unreinen» Menschen stecken. Was vor einigen Jahren selbst bei Islamkritikern höchstens Kopfschütteln oder mitleidiges Lächeln hervorgerufen hat, ist heute bitterernst zu nehmen. Die salafistischen Ideologen rund um den

IZRS sind alles andere als exotische «Kasperlifiguren». Sie sind gefährlich, weil extrem und international vernetzt, rückwärtsgewandt, kompromisslos und bereit zur Bildung von Parallelgesellschaften. Um diesen Rattenfängern den Boden für ihre Umtriebe zu entziehen, muss der Staat einerseits seiner Verantwortung für die Bürger, insbesondere die jungen und sozial gefährdeten, noch viel besser gerecht werden. Wo soziale Unruhen entstehen, ist das Risiko einer Flucht in eine wie auch immer geartete extremistische Kompensation für den Frust enorm gross. Dazu gehören natürlich auch Investitionen in die Bildung und nicht, wie von bürgerlichen Politikerinnen und Politikern in Deutschland und vor allem in der Schweiz angestrebt, entsprechende Sparprogramme. Auf der anderen Seite steht die Politik in der Pflicht, dem Import von Hasspredigern und Moscheen, die nachweislich mit islamistischen Netzwerken in Verbindung stehen, den Garaus zu machen.

6. Mögliche Lösungsansätze

Gefangen im Korsett des Propheten

Der deutsch-ägyptische Politikwissenschaftler, Islamexperte und Autor Hamed Abdel-Samad lässt so gut wie kein gutes Haar am Propheten Mohammed, den er gerne mal als psychisch kranken Tyrannen und Massenmörder bezeichnet. Der Muslim Abdel-Samad geht hart mit dem Begründer des Islam ins Gericht und hat dadurch sogar eine Fatwa vonseiten ägyptischer Islamisten auf sich gezogen, die ihm Gotteslästerung und Apostasie vorwerfen. Seine Charakterisierung des Propheten ist Ansichtssache, dennoch zeigt der Fall auf, wie schwer es sein kann, Kritik am Islam und an dessen Begründer auszuüben.

Die Omnipräsenz ihres Propheten in ausnahmslos jedem Bereich des Alltagslebens stellt fromme Muslime permanent vor die Herausforderung, den Überlieferungen und Botschaften des Korans gerecht zu werden. Diese strenge und das persönliche Leben massiv einschränkende Haltung, die einzig dem Zweck dient, nach dem Ableben gute Karten für den Eintritt ins Paradies zu haben, hindert die Gläubigen nicht nur daran, sich sachlich mit ihrer Religion auseinanderzusetzen; sie erschwert ebenso integrative Massnahmen, da der ehern praktizierte Glaube schnell einmal mit dem Rechtsstaat kollidiert. Dies ist eine Haltung, der auch fundamentalistische Christen nacheifern, die jedoch im Gegensatz zur Lage im Islam nur noch marginal ist, selbst in der katholischen Kirche. Die Säkularisierung der vom Christentum geprägten Gesellschaft hatte unter anderem auch zur Folge, dass die Bedeutung gerade der Kirche als Machtzentrum in der vormaligen Drei-Stände-Hierarchie (Adel, Klerus, Bauern) immer weiter in den Hintergrund rückte und das Individuum seinerseits vom Korsett der Kirche befreit wurde. Als logische Konsequenz resultierte aus diesem Befreiungsschlag ein kontinuierlicher Schrumpfprozess der christlichen Gemeinden, zumal im Verlauf des 19. Jahrhunderts Naturwissenschaftler wie der Engländer Charles Darwin bahnbrechende Erkenntnisse zur Evolutionstheorie gewannen, und gerade

Letztere stand oder steht natürlich in einem absoluten Gegensatz zur Lehre der Kirche und ihrem Dreifaltigkeitsprinzip. Bei den gottesfürchtigen Muslimen, geschweige denn bei den Islamisten, spielen solche Überlegungen so gut wie keine Rolle.

Thomas Eich, Islamwissenschaftler an der Universität Bochum, meint im Magazin *Der Spiegel* vom 16. November 2007 zum Thema «Wissenschaft im Namen Allahs», dass die Wissenschaft automatisch falsch liege, wenn sie mit dem Koran nicht vereinbar sei; alles Wissen sei schon im Koran angelegt, und die Wissenschaft müsse sich daran messen. Dass sich Wissenschaft und Glauben im Islam nicht trennen lassen, ist aber verheerend für die Mehrung von Wissen und wirkt sich folglich auf die Entwicklung ganzer Gesellschaften aus. Dieser Umstand erscheint tragisch angesichts der glorreichen Zeiten, die der Islam bereits einmal erlebt hatte, damals im Übergang vom Früh- zum Hochmittelalter, als die Muslime Kultur und Wissenschaften nach Europa brachten. Unter der Herrschaft der Mauren erlebte Andalusien ein goldenes Zeitalter in den Bereichen Wissenschaft und Kunst, und die Kalifen Andalusiens wetteiferten mit Bagdad und Damaskus um Reichtum und Fortschritt. Der Niedergang – abgesehen vom Siegeszug des Osmanischen Reiches – erfolgte erst mit dem Abschluss der Reconquista im Jahr 1492. Im Zug der Kolonialpolitik der europäischen Mächte versank der Islam später komplett in der Bedeutungslosigkeit, und die Plünderung und Ausbeutung der besetzten Länder in Afrika, Nahost und Asien nährte den aufkommenden Hass auf den «Westen».

Progressive Muslime sehen sich vor eine schier unlösbare Herausforderung gestellt, denn nicht nur, dass sie ein sehr hohes Risiko im Kampf für einen fortschrittlichen Islam eingehen, sie werden auch immer wieder auf massiven Widerstand stossen, solange auch konservative Muslime keine Bereitschaft zur Modernisierung ihrer Religion zeigen. Oder wie Hamed Abdel-Samad sagt: «Die Reform des Islam beginnt, wenn Muslime es wagen, Mohammed aus dem Käfig der Unantastbarkeit zu entlassen. Erst dann können sie selbst aus dem Gefängnis des Glaubens ausbrechen und Teil einer Gegenwart werden, die nicht von Gott, sondern von den Menschen bestimmt wird.»

Politik der Nulltoleranz

Zu lange hat die Politik die Entwicklung des Islamismus nicht nur vernachlässigt, sondern geflissentlich ignoriert. Selbst nach den Terroranschlägen in den USA am 11. September 2001 wähnte man sich in Europa auf sicherem Terrain und erachtete es als nicht notwendig, der Bildung von extremistischen Gruppierungen und vor allem den Hasspredigern in Moscheen Einhalt zu gebieten. Offenbar reichte die Tatsache, dass die Anführer der Anschläge aus Hamburg stammten, noch nicht aus, um Massnahmen zur wirksamen Prävention zu ergreifen, damit sich solches nicht wiederholen konnte. Es ist aber nicht so, dass diese Versäumnisse bloss einige wenige Politikerinnen und Politiker bzw. Parteien verschuldet haben. Ob Rot, Grün, Schwarz oder Gelb: Die parteiübergreifende Ignoranz während der vergangenen 15 Jahre ist geradezu beispiellos, was die Missachtung der Gefahren für die gesamte Bevölkerung angeht. Und was noch viel wichtiger ist: Die hochgelobte und von politischer Seite bis zur Erschöpfung zitierte Integration hat sich bis heute als reines Lippenbekenntnis erwiesen. Gerade in Deutschland findet eine höchst bedenkliche Entwicklung bezüglich der Bildung von Parallelgesellschaften statt, etwa die seit einiger Zeit in der Öffentlichkeit thematisierte Formierung von sogenannten No-go-Areas – Zonen, die selbst die Polizei meidet. Es liegt schon fast in der Natur der Sache, dass die Staatsführung die Existenz solcher Zonen negiert und gleichzeitig gebetsmühlenartig versucht, die Menschen, sowohl Ausländer wie Inländer, auf nachhaltigere Integration einzuschwören. Mitunter gewinnt man den Eindruck, dass die deutsche Regierung aufgrund mangelnder Motivation und mangelnder Rezepte völlig überfordert ist, wie die massiven Probleme einzelner Kommunen zeigen, denen gleich mehrere Hundert oder sogar Tausend Flüchtlinge «aufs Auge gedrückt» wurden, ohne dass die Bürger und Verantwortungsträger entsprechend darauf vorbereitet waren.

Ein ähnliches Bild dieser Überforderung, gekoppelt mit einer nonchalanten bzw. blauäugigen Haltung, zeigt sich im Umgang mit politisch-ideologisch brandgefährlichen Tendenzen mitten in der Gesellschaft. Einerseits gibt es sehr zu denken, wenn öffentliche Schulen und Universitäten Gebetsräume für Muslime einrichten mit der Begründung, diese würden ansonsten auf Gängen und in Treppenhäusern beten, was «für Konfliktpotenzial sorge». Valentina Smajli, Co-Präsidentin des Forums für einen fortschrittlichen Islam, kommentiert das Vorgehen folgendermassen: «Die Gebetsräume gehören nicht zum Leistungsauftrag einer Schule und erschweren eine erfolgreiche Integration durch Segmentierung» (*Blick*, 15.1.2015).

Der deutsche Autor und Filmemacher Samuel Schirmbeck zitiert in seinem Buch *Der islamische Kreuzzug und der ratlose Westen* den französischen Philosophen Abdennour Bidar, der meinte, dass der Islam in seiner Mitte ein Monster hervorgebracht habe, und ohne aufgeklärte Islamkritik werde er weitere produzieren. Schirmbeck selbst sagt, die Akzeptanz der Politik «gegenüber noch so obskuren Forderungen oder Befindlichkeiten» von konservativen Muslimen sei es, die den ohnehin marginalisierten liberalen Kräften in der islamischen Welt in den Rücken falle und auch in Europa jede kritische Debatte über Glaubensinhalte behindere. Eine Debatte, die im Übrigen ohnehin nur in Europa offen geführt werden könne. Letztlich werde das Thema den Rechten überlassen. Und der Autor fügt hinzu, dass Politiker über die Parteigrenzen hinweg «gedankenlos mit Funktionären und Funktionärinnen der Islamverbände» zusammenarbeiten würden, Verbände, die in die Nähe von Fundamentalisten gerückt werden.

Schirmbeck kritisiert zudem die politische Linke, die, anstatt die von Islamisten angestrebte absolute Vereinheitlichung zu bekämpfen, die Gegner dieser Homogenisierung an den Pranger stellte und als islamophobe Fremdenfeinde stigmatisierte. Gerade in Deutschland, das aufgrund seiner Nazi-Vergangenheit noch immer in einem Korsett der Selbstkasteiung stecke und es dadurch allem und jedem recht machen wolle, hüllten sich der Staat und die Presse zu lange in Schweigen und liessen die stockkonservativen, fundamentalistischen Muslime gewähren. Indessen, so Schirmbeck, bleibe die ernsthafte und nachhaltige Integration vor allem der Menschen aus islamisch geprägten Ländern weitgehend auf der Strecke, sodass anstelle von Integration in die säkulare Gesellschaft eine regelrechte Segregation stattgefunden habe.

Was wäre also von politischer Seite zu tun? Neben einer ernsthaften und nachhaltigen Integration der muslimischen Bevölkerung ist der Rechtsstaat gefordert, eine klare rote Linie zu ziehen, die den islamistischen Gruppierungen unmissverständlich vor Augen führt, woran sie sich in dieser unserer Gesellschaft zu halten haben, welche unveräusserlichen Werte und Regeln es zu berücksichtigen gilt und dass bei Zuwiderhandlung bzw. Überschreiten dieser Linie mitunter drakonische Strafen die Folge sind. Zu Gewalt aufrufende, den Terrorismus verherrlichende ausländische Imame sind unverzüglich auszuweisen und mit einem Einreiseverbot zu belegen. Familien oder Einzelpersonen, die sich den gesellschaftlichen Gepflogenheiten, etwa den landesüblichen Umgangsformen oder integrativen Massnahmen inner- und ausserhalb des Schulbetriebs, verweigern, müssen ohne Wenn und Aber spürbar bestraft werden – bis hin zur Drohung, die Arbeitsstelle zu verlieren und die Kinder definitiv von der Schule nehmen zu müssen; Bussen in materieller Form bringen da so gut wie nichts. Ausländern muss im äussersten Fall sogar die Niederlassungsbewilligung aberkannt werden.

Es wäre im Weiteren zu überlegen, ob potenziell staatsgefährdende Organisationen und Verbände wie der Islamische Zentralrat in der Schweiz oder Milli Görüs in Deutschland entweder ganz verboten oder zumindest durch Verbindungsleute des Nachrichtendienstes per gesetzliche Verordnung kontrolliert werden sollten. Immerhin steht der Islamische Zentralrat unter Beobachtung, während in Deutschland der Verfassungsschutz ernsthaft eine Einstellung der Observation von Milli Görüs in Erwägung zieht und auf der anderen Seite das sächsische Landesamt für Verfassungsschutz Bedenken über die Ausbreitung der Muslimbrüder in diesem Bundesland äussert.

Solange gerade die Politik – mit wenigen Ausnahmen – nach wie vor und mehrheitlich geneigt ist, den Kopf in den Sand zu stecken, oder die grassierende Infiltration von Islamisten in demokratischen Rechtsstaaten, aus welchen Gründen auch immer, nicht zur Kenntnis nehmen will, müssen die säkularen Muslime noch stärker als bisher in der Öffentlichkeit in Erscheinung treten, transnational zusammenarbeiten und, wo immer es notwendig ist, auf entsprechende Gefahren aufmerksam machen. Darüber hinaus muss der Druck auf die Politik erhöht werden, was unter Umständen sogar eine lose Kooperation ad hoc zwischen den säkularen Muslimen und «islamkritischen» Parteien – in Deutschland etwa die Christlich-Soziale Union (CSU) oder in Teilen gar die Alternative für Deutschland (AfD), in der Schweiz die Schweizerische Volkspartei (SVP) – bedeuten könnte, es sei denn, diese Parteien messen den Menschenrechten nur geringe oder gar keine Bedeutung bei und befeuern lediglich antiislamische Ressentiments.

Was jedoch lange Zeit absolut undenkbar schien, macht sich erstaunlicherweise allmählich bemerkbar, wenn man sich die jüngsten Äusserungen einiger politischer Exponenten der deutschen Linkspartei anhört. Just die Linke, welche massgeblich von der 68er-Generation geprägt wurde, die von einer grenzenlosen «One World» à la Marx träumte, erkennt offensichtlich endlich die Probleme, die aus der blauäugigen und sozialromantischen Ideologie des Multikulturalismus resultierten. Wohl gemerkt, es geht nicht um die Kritik an einer multikulturellen Gesellschaft per se; es handelt sich hier um die ideologisch-politische Interpretation der «Multi-Kulti»-Gesellschaft, wie sie etwa vom deutschen Publizisten und Buchautor Matthias Heitmann in der *Neuen Zürcher Zeitung* vom 17. Februar 2016 hervorragend und treffend beschrieben wird. Heitmann sagt, der politische Multikulturalismus stünde der erfolgreichen Integration von Zuwanderern im Weg, weil insbesondere die kulturelle Erblast des konservativen Islam zu schwer wiegen würde, als dass sie im Rahmen der üblichen Integrationsbemühungen abgebaut werden könnte. Der niederländische Politologe Ruud Koopmans kommt sogar zum Schluss, dass «Multikulti gescheitert» sei (FAZ, 14.6.2017).

Der einsame Kampf der Progressiven

Es ist grundsätzlich nicht einfach, sich in einer polarisierten Welt mit einer Stimme der Vernunft Gehör zu verschaffen, vor allem dann nicht, wenn finanzielle und politisch wirksame Mittel fehlen, um die breite Öffentlichkeit auf sich aufmerksam zu machen. Das ist auch einer der Hauptgründe, weshalb die Islamisten regelmässig mediale Plattformen erhalten, um ihr Gefasel von der Opferrolle der Muslime in Europa zu verbreiten – neben den grauenhaften Kriegshandlungen in Syrien und im Irak und den globalen Terroranschlägen. Anders gesagt, solange Staaten wie Saudiarabien und Katar den Eifer ihrer fanatischen Glaubensbrüder im verhassten Westen mit unerschöpflichen Geldströmen befeuern und die arabische Welt mit undifferenzierten Informationen und sogar Lügen (so behaupten etwa der IZRS-Gründer Nicolas Blancho und einmal mehr der Islamist Yusuf al-Qaradawi in der arabischen Welt, dass die Muslime in der aufgeklärten westlichen Gesellschaft ihre Religion nicht ausüben dürften und überhaupt überall diskriminiert würden) auf einen antiwestlichen Kurs bringen, fristen die progressiven Muslime ein Schattendasein.

Ein anderer massgeblicher Grund für dieses Schattendasein liegt in der nach wie vor tendenziell mangelhaften Berücksichtigung durch die Medien, die sich zumeist leider kaum für kritische Diskurse innerhalb der muslimischen Community interessieren. Vorrang hat stets die Gewalt, die sich verbal fast immer in entsprechenden TV-Sendungen widerspiegelt, wenn Fundamentalisten auf Kritiker stossen. Egal, ob bei Sandra Maischberger, Anne Will, Maybrit Illner oder Frank Plasberg: Eine seriöse und emotional losgelöste Debatte über die wirklich wichtigen Dinge in Bezug auf den Islam findet in diesen Formaten selten bis nie statt und ist vermutlich auch gar nicht beabsichtigt. Hauptsache, die Teilnehmer fahren sich über den Mund, schreien herum, machen sich gegenseitig nieder und erfreuen dabei die Zuschauerinnen und Zuschauer, die sich wie in einer römischen Arena fühlen und nur darauf warten, bis es zu Handgreiflichkeiten kommt. Kritische Beobachter ärgern sich jeweils über solche Sendungen, da die Themen an sich hochinteressant wären, würden sie in einem geordneten Dialog diskutiert und würfen die Gesprächspartner nicht mit Plattitüden um sich.

Kritische Muslime können geradezu von Glück reden, wenn sie dennoch ab und an Teil einer öffentlichen Debatte werden. In der Schweiz sind dies beispielsweise die Politologin Elham

Manea und die Gründerin der Offenen Moschee Schweiz Jasmin El Sonbati, in Österreich der Vorsitzende der Initiative Liberaler Muslime Österreich (ILMÖ) Amer Albayati und in Deutschland die Rechtsanwältin und Frauenrechtlerin mit türkisch-kurdischen Wurzeln Seyran Ates oder der ägyptisch-deutsche Politikwissenschaftler und Publizist Hamed Abdel-Samad. Letzterer wird mit an Sicherheit grenzender Wahrscheinlichkeit jeweils aufgrund seines harten und schonungslosen Umgangs mit dem Islam und dessen Propheten eingeladen, ebenso wie die bedingungslosen Provokateure auf der anderen Seite, etwa der in Deutschland aufgewachsene AKP-Abgeordnete und Milli-Görüs-Generalsekretär Mustafa Yeneroglu oder Fatih Zingal, Rechtsanwalt und stellvertretender Vorsitzender der Union Europäisch-Türkischer Demokraten (UETD).

Progressive Muslime wie die oben erwähnte Seyran Ates oder Güner Yasemin Balci, Journalistin und Schriftstellerin, Naila Chikhi von der Organisation Terre des femmes, die ehemalige Aktivistin der in der Ukraine gegründeten feministischen Bewegung Femen Zana Ramadani oder auch Abdel-Karim Ourghi, deutsch-algerischer Islamwissenschaftler, kämpfen weitgehend allein auf weiter Flur für ein offenes, modernes Islamverständnis. Während Seyran Ates, obwohl massiven Bedrohungen ausgesetzt, Kritik übt an der Ignoranz des deutschen Staats gegenüber der islamischen Schattenjustiz, der Paralleljustiz nach den Regeln der Scharia, erregte Güner Balci Aufsehen mit ihrem Film *Der Jungfrauenwahn* über die unterdrückte sexuelle Freiheit junger Muslime, in dem sie die Gefahren an Leib und Leben aufzeigt, die vor allem den jungen Frauen drohen, wenn sie gegen entsprechende Verordnungen der Familie verstossen, etwa keusch in die Ehe zu gehen.

Abdel-Karim Ourghi seinerseits bezeichnet die Zusammenarbeit zwischen politischen Entscheidungsträgern und den islamischen Dachverbänden wie DITIB und dem Zentralrat der Muslime Deutschlands (in dem u. a. die der Muslimbruderschaft zugeordnete Islamische Gemeinschaft Deutschland [IGD] und die Gesinnungsgenossen von Milli Görüs sitzen) als «unheilige Allianz», da die zumeist von Islamisten geführten Verbände der überwiegenden Mehrheit der ideologisch unpolitischen Muslime wenig bis keinen Nutzen brächten. Die Verbände nehmen für sich in Anspruch, vom Staat als alleinige Partner wahrgenommen zu werden, was in der Natur der Sache liegt, weil dadurch kritische Stimmen gar nicht erst in den Dialog mit einbezogen werden. Die Politik ihrerseits setzt aber ausgerechnet auf jene Leute, deren Organisationen von der Türkei und Saudiarabien unterstützt werden, bezeichnenderweise Staaten, die von Demokratie und Meinungsfreiheit nicht das Geringste wissen wollen. Dass Diyanet gemeinsame Sache mit der Muslimbruderschaft macht, wurde im Juni 2017 anlässlich eines Empfangs des Generalsekretärs der ägyptischen Muslimbruderschaft, Mahmoud Hussein, in Istanbul durch den Chef von Diyanet, Mehmet Görmez, deutlich.

International geht es den progressiven Muslimen nicht wesentlich anders als denjenigen im deutschsprachigen Raum, von islamisch geprägten Ländern gar nicht zu reden. Und dennoch oder gerade deshalb machen sich viele von ihnen stark für ein Islamverständnis, das auf den universalen Menschenrechten basiert, insbesondere was die Gleichberechtigung der Frau auf jeder Ebene in der Gesellschaft anbelangt. Aus diesem Grund hat die amerikanische Sängerin mit malaysischen Wurzeln Ani Zonneveld im Jahr 2007 die Organisation Muslims for Progressive Values (MPV) gegründet. Zonneveld wurde nach den Anschlägen am 11. September 2001 dazu inspiriert, weil sie gegen den Ruch des Islam als gewalttätige, intolerante Religion ankämpfen wollte und immer noch will. Über die MPV versucht sie, Muslime weltweit von einer Revision des Glaubens mittels humanistischer Grundwerte zu überzeugen.

Im Oktober 2016 erschien über die Harvard University Press ein bemerkenswertes Buch mit dem Titel *Islam and the Future of Tolerance: A Dialogue* des amerikanischen Philosophen und Neurowissenschaftlers Sam Harris und des britischen Politikers und Kolumnisten mit pakistanischen Wurzeln Maajid Nawaz. Darin liefern sich die beiden Autoren ein Streitgespräch um die Frage, ob der Islam aufgrund seiner religiösen Doktrin überhaupt zur Reform fähig ist, was der überzeugte Atheist Harris verwirft, wohingegen Nawaz der Meinung ist, dass der Islam einen Platz in einer säkularen Welt finden wird. Bemerkenswert hierbei ist, dass Nawaz bis 2007 einer islamistischen Organisation namens Hizb ut-Tahrir angehörte, die – analog dem Islamischen Staat in Irak und Syrien – ein Kalifat errichten wollte, das sich von Nordafrika bis zu den Philippinen erstrecken sollte. Für die Mitgliedschaft bei Hizb ut-Tahrir landete Nawaz 2001 in einem Gefängnis in Ägypten, wo er eine fünfjährige Haftstrafe absitzen musste. Während der Haft begann der ehemalige Islamist mit dem Studium humanistischer Schriften und wandte sich nach und nach vom politischen Islam ab und der säkularen Auslegung zu.

Auch der französisch-algerische Imam Ludovic-Mohamed Zahed war zunächst ein Salafist, bis er die Liebe zu einem Mann entdeckte. Seither setzt er sich für eine Modernisierung des Islam ein, die sich zum Beispiel in Gestalt einer unkonventionellen Moschee äussert, die Zahed in Paris gegründet hat. Es ist wohl eines der ganz seltenen islamischen Gotteshäuser, in denen Männer und Frauen zusammen beten dürfen und die Frauen nicht gezwungen sind, ein Kopftuch zu tragen. Darüber hinaus plädiert Zahed mittels Seminaren und Vorträgen für einen liberalen Koran und bezeichnet radikale Muslime ganz offen als Faschisten. Er ist freilich einer von – wie er sagt – nur etwa zehn Imamen weltweit, die sich zu ihrer Homosexualität bekennen.

Ebenfalls gibt oder gab es eine ganze Reihe fortschrittlicher muslimischer Autoren wie etwa den tunesisch-französischen Islamkritiker Abdelwahab Meddeb, der leider 2014 verstorben ist, oder den algerischen Journalisten und Autor Kamel Daoud, dessen Kritik dazu führte, dass er von einer Gruppe französischer Intellektueller des Schürens von Islamophobie bezichtigt wurde. Daoud hatte lediglich geäussert, dass westliche Staaten wie Deutschland in naiver Weise die kulturellen Gegensätze zwischen ihnen und der islamischen Gesellschaft herunterspielten. Die Belegung mit einer Fatwa brachte ihn schliesslich zum Entschluss, seine journalistische Tätigkeit aufzugeben.

Ein anderer Algerier, Boualem Sansal, zeichnet in seinem Roman *2084* ein düsteres Bild des zukünftigen Europa. Er ist einer der schärfsten Islamkritiker und gibt zu bedenken, dass der Islam die Weltherrschaft anstrebe und zu einem furchteinflössenden Gesetz mutiert sei, das praktisch nur noch aus Verboten bestünde und keine Zweifel mehr zulasse. Doch Sansal beschränkt sich bei seinen Thesen nicht nur auf den Islam, er sieht in jeder Religion die Gefahr ihrer brutalen und totalitären Seite. Zudem müsse der Islam seine spirituelle Kraft wiederfinden, um den Fokus auf die Befreiung und Sozialisierung zu legen.

Die deutsch-türkische Soziologin, Publizistin und Frauenrechtlerin Necla Kelek beschreibt ihre Erfahrungen als türkisches Kind, das in den 1960er-Jahren zusammen mit dem Rest der Familie nach Deutschland geholt wurde, wo der Vater ihr ab dem 13. Lebensjahr die Teilnahme am Schulsport wegen Gefährdung der Jungfräulichkeit untersagte. Kelek lernte den konservativen Kurs ihres Vaters auch anderweitig kennen, da sie ihre Freiheit stark einbüsste und keine Kontakte zu jungen Männern knüpfen durfte. Ihr Bruder hingegen hatte das Privileg, sich wo auch immer aufhalten zu dürfen und mit deutschen Mädchen in Kontakt zu kommen. Dies und die Tatsache, dass auch in Deutschland vermehrt versucht wurde, arrangierte (Zwangs-) Ehen zu schliessen, bewog sie dazu, 2005 ein Buch mit dem Titel *Die fremde Braut* zu veröffentlichen, worin sie klar aufgleist, wie es sich mit den lange verschwiegenen bzw. vom Staat ignorierten Zwangsheiraten verhält und wie die konservativen Türken junge Mädchen nach Deutschland holen, um sie dort mit einem Türken zu verheiraten. In den allermeisten Fällen handelt es sich um konservative, mitunter radikale Muslime, die alles daran setzen, ihren Frauen Verhaltensregeln nach islamischem Gesetz aufzuzwingen, was gleichzeitig deren Partizipation am Leben in der deutschen Gesellschaft schon im Keim erstickt. Kelek vertritt auch die These, dass nur in Europa die Möglichkeit bestünde, den Islam weiterzuentwickeln und mit dem Koran historisch-kritisch umzugehen.

Wie Rechtsanwältin Seyran Ates beschäftigt sich auch Necla Kelek vor allem mit der Bildung von Parallelgesellschaften, die allmählich ein ernst zu nehmendes Problem darstellen, weil gerade auch Jugendliche schon früh mit der Doktrin von antiwestlichen, antidemokratischen Imamen hirngewaschen und zur

Abgrenzung von ihren «ungläubigen» Altersgenossen aufgefordert werden. Aus diesem Grund steht der Bau der DITIB-Moschee in Köln-Ehrenfeld massiv in der Kritik von liberalen Muslimen. Kelek hält fest, dass viele Moscheepredigten die jungen Muslime an der Integration hinderten, und darunter falle auch die Kölner Zentralmoschee, die ein Weltbild vermittle, das mit dem deutschen Rechtsstaat und seiner Gesellschaft nicht zu vereinbaren sei, zumal die Millionen, die der Bau der DITIB-Moschee koste, aus der Türkei bzw. von der türkischen Regierung kämen. Zudem habe die Moschee keine sakrale Bedeutung – laut der Soziologin Kelek sind Moscheen keine heiligen Stätten, sondern Plätze, wo sich die Männer zum Gebet und für Geschäfte versammeln –, sie fordere vielmehr einen Herrschaftsanspruch für sich ein (FAZ, 5.6.2007), und die Kölner Zentralmoschee stelle ein «politisches Statement des Islam in Beton» dar.

Darüber hinaus vertritt Necla Kelek den Standpunkt, dass die muslimischen Verbände in Deutschland etwa die Gleichberechtigung der Frauen nicht ernst nehmen würden. Hier stösst sie natürlich regelmässig gegen Mauern der Sturheit und wird von linken und grünen Politikerinnen und Politikern sowie radikalen Islamisten für ihre feste Haltung massiv kritisiert und mitunter angegriffen.

Im Zusammenhang mit der Indoktrination in salafistischen Moscheen gibt es zumindest in Wien und Berlin einen winzigen Lichtblick, der jedoch – «inschallah» – wegweisend sein könnte für eine Entwicklung hin zu einer im besten Fall flächendeckenden Progressivität. Das Institut für islamisch-theologische Studien an der Wiener Universität plädiert für einen Islam europäischer Prägung, weshalb die Initiative einer Moschee lanciert wurde mit der Absicht, «einen Islam zu formen, in dem Freiheit und Demokratie, Offenheit und Solidarität sowie Engagement und Teilhabe in einer pluralen, multireligiösen Gesellschaft keinen Widerspruch zur islamischen Glaubenspraxis darstellen» (wienermoschee.at). Den Initiatoren ist wichtig zu betonen, dass Muslime ihre Religion nicht über andere stellen sowie die Scharia nicht als unabdingbaren Teil des Islam erachten sollen. Damit einher geht das Bestreben des Instituts, den

Islam vom Dogmatismus und normativen Totalitarismus zu lösen und ein modernes Koranverständnis zu schaffen, das sich mit den Werten der aufgeklärten Gesellschaft wie Demokratie, Freiheit und Gleichberechtigung von Mann und Frau vereinbaren lässt.

Ein ähnliches Ziel wie das Institut in Wien verfolgt auch Seyran Ates, die in Berlin eine Gemeinde für liberale Muslime ins Leben gerufen hat. Geradezu revolutionär mutet dabei an, dass Frauenrechtlerin Ates in der neuen Ibn-Rushd-Goethe-Moschee (zu Ehren des berühmten Islamgelehrten und Philosophen des 12. Jahrhunderts Ibn Rushd und von Johann Wolfgang Goethe, der sich dem Islam verbunden fühlte) beabsichtigt, das Freitagsgebet gemeinsam von einem Imam und einer Imamin vortragen zu lassen. Zudem sollen Männer und Frauen auch gemeinsam im selben Raum beten dürfen, was einem weiteren Schlag ins Gesicht von konservativen Muslimen gleichkommt.

Die Trägerin des Bundesverdienstkreuzes Ates sieht in der Gründung der Gemeinde eine Gegenbewegung zu medial chronisch hochgespülten radikalen Strömungen, die gerade auch aufgrund der Berichterstattung sowohl generell islamfeindliche Rechtspopulisten und deren Zulauf fördern als auch eine islamophobe Entwicklung in der Gesellschaft begünstigen. Stattdessen sollte liberalen Muslimen und besonders Aleviten deutlich mehr Aufmerksamkeit geschenkt sowie tatkräftige Unterstützung geleistet werden, was nicht zuletzt auch Aufgabe der Medien wäre.

Der international wohl bekannteste saudiarabische Internetaktivist, der Blogger Raif Badawi, geriet 2012 in Haft, nur weil er sich online kritisch über die saudische Politik und Religion geäussert hatte. Nach seiner Verhaftung wurde gegen Badawi ein Verfahren wegen Apostasie eingeleitet, worauf 2013 eine Fatwa erfolgte, die ihn zum «Ungläubigen» erklärte. Grund der Fatwa: Badawi habe Muslime, Christen und Juden auf dieselbe Ebene gestellt und damit gegen ein Antiterrorgesetz verstossen. Das Urteil fiel erwartungsgemäss heftig aus, bedenkt man, dass Saudiarabien gemäss der Scharia Strafen an Leib und Leben vollzieht. Öffentliche Hinrichtungen durch das Schwert sind mehr oder weniger an der Tagesordnung, nicht weniger Stock- und Peitschenhiebe, die auch Badawi erdulden musste. Er wurde zu zehn Jahren Haft, 1000 Peitschenhieben und einer Geldstrafe von rund 200 000 Euro verurteilt. Seither versuchen Politiker, Menschenrechtsaktivisten und sogar das Europäische Parlament, das Badawi 2015 den Sacharow-Preis für geistige Freiheit verlieh, das saudische Regime zu einer Freilassung des 33-jährigen Mannes zu bewegen.

Die Muslime heutzutage müssen, wie gerade das Schicksal Badawis zeigt, zwingend in einen innerislamischen Diskurs treten und sich historisch-kritisch mit ihrer Religion und den darauf fussenden Traditionen auseinandersetzen. Der österreichische Soziologe und Islamwissenschaftler Mouhanad Khorchide spricht von einem Aufruf zu einer innerislamischen Reform, die unter vielen anderen Fragen auch diejenige nach der Herausarbeitung von Argumenten für eine humanistische Lesart des Korans beinhaltet. Eine Verweigerung dieses Diskurses bedeutet nichts anderes als Stillstand in einer Gesellschaft, die täglich mit neuen Herausforderungen konfrontiert wird, und blockiert die muslimische Community im Umkehrschluss in ihrer Entwicklung, Akzeptanz und insbesondere Integration in einer säkularen Umgebung.

Bestrebungen für einen reformierten Islam

In Zeiten wie diesen, in denen sich in Europa sowohl islamfeindliche Tendenzen immer stärker breitmachen als auch islamistische Kreise mitunter völlig offen gegen die Demokratie, den Rechtsstaat und die gesellschaftlichen Wertvorstellungen vorgehen, sind mehr denn je Kräfte notwendig, die diesen menschenverachtenden Auswüchsen entgegentreten und sie bekämpfen. Ob salafistische Imame, die vor allem jungen Menschen in den Moscheen den Islamismus schmackhaft zu machen versuchen, ob konservative Verbände, die ebenjenen Imamen auch in Moscheen regelmässige Plattformen bieten, um ihre hasserfüllten Botschaften den Gläubigen entgegenzuschleudern, oder ob Länder wie die Türkei, die über staatliche Religionsbehörden mit schier unerschöpflichen Mitteln Einfluss auf die muslimische

Community in der Diaspora nehmen und massiven Druck ausüben: Es ist eine Entwicklung im Gang, die brandgefährlich ist und leider nach wie vor zu geflissentlich gerade von jenen politischen Kräften übergangen wird, die sich stets als Hüter der Menschenrechte und Verteidiger des Rechtsstaats aufgespielt haben, namentlich die Sozialdemokraten und Grünen im deutschsprachigen Raum. Auf der anderen Seite macht sich die politische Rechte die Ignoranz und Naivität von Rot-Grün zunutze, indem sie ein völlig überzeichnetes Feindbild vom Islam allgemein transportiert und dadurch die ohnehin schon gärende Islamfeindlichkeit in der Bevölkerung zusätzlich anheizt.

Seit einiger Zeit gibt es wachsende Bestrebungen vonseiten weltlicher und fortschrittlicher Muslime, ein Gegengewicht zu salafistischen Verbänden, Institutionen und Moscheen zu bilden, nicht zuletzt deshalb, weil gerade medial eine enorme Fokussierung auf besagte Salafisten stattfindet, während den säkularen Kräften bislang viel zu wenig Beachtung geschenkt wurde. Das versuchen die bereits erwähnte Seyran Ates und ihre Verbündeten mit der Gründung der Ibn-Rushd-Goethe-Moschee in Berlin im Juni 2017 und auch die Initiative Wiener Moschee von Ednan Aslan, Professor für Religionspädagogik an der Universität Wien. Ebenfalls aktiv sind sowohl mehrere prominente progressive Muslime und Musliminnen als auch Nichtmuslime aus dem deutschsprachigen Raum, die gemeinsam eine Erklärung (Freiburger Deklaration) unterzeichnet haben, die einen Reformislam fordert.

Im Jahr 2016 haben unter dem Eindruck der wachsenden Islamisierung durch Fundamentalisten in diversen europäischen Ländern und der indirekt damit zusammenhängenden Terroranschläge sowie des negativen Bilds vom Islam, das in der Bevölkerung zunehmend grassiert, mehrere Muslime und Nichtmuslime die Interessengemeinschaft Säkulare Muslime gegründet. Gemeinsam wurde die sogenannte Freiburger Deklaration (s. Anhang) verfasst und von den aus Deutschland, Österreich und der Schweiz stammenden Mitgliedern unterzeichnet und publiziert. Die Erklärung der säkularen Muslime beinhaltet im Grundsatz die Traumvorstellung eines reformierten Islam, basierend auf einer aufgeklärten, modernen muslimischen Gemeinschaft, die als integraler Bestandteil der europäischen Gesellschaft dieser offen und neugierig gegenübertritt und sich den kulturellen Herausforderungen innerhalb besagter Gesellschaft(en) stellt.

Die Unterzeichner und Unterzeichnerinnen wollen eine muslimische Gemeinschaft, die Frieden, Toleranz und Nächstenliebe, die Gleichberechtigung und Respekt vor anderen Religionen und andersdenkenden Menschen predigt und lebt.

Die IG Säkulare Muslime steht für ein humanistisches, modernes und aufgeklärtes Islamverständnis im zeitgemässen Kontext. Aus diesem Grund fordert sie eine schon längst überfällige Ausarbeitung moderner Lesarten des Korans auf der Grundlage einer historisch-kritischen Textanalyse und die Ausarbeitung einer neuen modernen, aufgeklärten und humanistisch angelegten Theologie, die den Glauben als persönliche Angelegenheit versteht und uneingeschränkt mit Demokratie und den Menschenrechten konform ist. Nicht zuletzt auch deshalb setzt sich die IG für liberale Musliminnen und Muslime ein, die geschlechtergemischte Gebete in Moscheen anbieten, in denen auch Frauen Imaminnen sein können, die für die Teilnahme am Gebet keine Bekleidungsvorschriften aufstellen, die ihre Predigten auf Deutsch halten und somit den Integrationsprozess mit unterstützen.

Die Freiburger Deklaration lehnt abschliessend Extremismus, Diskriminierung, Gewaltverherrlichung und Segregation in jeder Form entschieden ab. Demokratie und Menschenrechte stellen die Grundlage für das friedliche Miteinander aller Menschen in der Gesellschaft dar.

Man kann nur inständig hoffen, dass alle diese Bestrebungen hin zu einer Gesellschaft, die auf jeder Ebene frei ist von religiös verklärter Intoleranz, irgendwann Früchte tragen werden.

Anhang

Kleine Chronik der islamischen Geschichte

570
Mohammed Ibn Abdallah al-Quraishi wird in der arabischen Stadt Mekka in eine Untersippe der zumeist adligen Angehörigen des Stammes der Quraish geboren. Mekka geniesst zu dieser Zeit eine wirtschaftliche Vormachtstellung im arabischen Raum und kontrolliert die Handels- und Kreditaktivitäten, wodurch der junge Mohammed, dessen Vater bereits vor seiner Geburt verstarb, die besten Voraussetzungen für eine gesicherte Zukunft besass. Der Halbwaise ist aufgrund seiner Verwandtschaft mit den Quraish berechtigt, deren Loyalität in Anspruch zu nehmen, was in der von Korruption und Vetternwirtschaft durchseuchten mekkanischen Gesellschaft über ein Leben im Wohlstand oder in bitterer Armut entscheiden kann. Als auch Mohammeds Mutter Amina stirbt, übernimmt sein hochangesehener Onkel Abu Talib die Erziehung und ebnet dem Neffen den Weg zu einer erfolgreichen Karriere als Karawanenführer. Die Tüchtigkeit des 25-Jährigen und sein ausgeprägter Sinn für das Geschäft erregen auch die Aufmerksamkeit einer reichen Mekkanerin, die massgeblich am späteren Werdegang des zukünftigen Propheten beteiligt sein wird.

595
Mohammed ehelicht eine um 15 Jahre ältere Mekkanerin namens Chadidscha bint Chuwailid, die ihm sieben Kinder schenkt, von denen jedoch drei (allesamt Knaben) bereits im Kindesalter sterben. Die Heirat mit Chadidscha verschafft Mohammed praktisch unermesslichen Reichtum und ermöglicht ihm, nach seinem Zusammenbruch, den er im Alter von 40 Jahren erleidet, eine Auszeit zu nehmen und sich aus den Geschäften herauszuhalten.

610
Der wirtschaftliche Erfolg und eine mutmassliche Sinnkrise führen bei Mohammed zu einem nervlichen Kollaps. Laut einigen Islamwissenschaftlern litt er zudem an Epilepsie, eine Vermutung, die durch entsprechende Ausführungen des ersten Mohammed-Biografen Ibn Ishaq noch erhärtet wird. Der Geschäftsmann Mohammed ist offenbar völlig ausgebrannt und depressiv. Wohl auch auf Anregung Chadidschas zieht sich der Leidende in die Berge zurück, um sich in einer Höhle der Meditation hinzugeben und Kräfte zu sammeln. Mit Sicherheit macht er sich Gedanken um sein weiteres Leben, das an einem Wendepunkt angelangt ist, wie er bald feststellen sollte. Während des Meditierens, das vermutlich von Halluzinationen begleitet ist, erscheint ihm angeblich der Erzengel Gabriel (arab. «Djibril») und befiehlt ihm, die Worte der Offenbarung zu lesen. Nach mehrmaliger Aufforderung leistet Mohammed dem Erzengel Folge und rezitiert die ihm vorgebeteten Verse. Er soll sie sich merken, um sie an die Menschen weiterzugeben, damit diese dem lasterhaften Leben entsagen und sich Gott zuwenden. Die Legende besagt ferner, dass Mohammed nach der Erscheinung verzweifelt Halt bei Chadidscha sucht und sogar mit Selbstmord liebäugelt, wovon ihn seine Frau jedoch abhalten kann. Als ihn die Offenbarungen immer wieder heimsuchen, erfüllt Mohammed den Auftrag Gottes, den Menschen die Zeilen mitzuteilen. Den grössten Rückhalt findet er bei Chadidscha, die als erste Anhängerin des neuen Glaubens gilt und die entscheidend dazu beiträgt, dass Mohammed fortfährt, das Wort des Herrn zu verkünden, denn zu Beginn der «Missionierung» sieht sich der Prophet viel Misstrauen und gar Hass gegenüber.

613
In Mekka befindet sich bereits jene Kultstätte, die für einen frommen Muslim das zentrale Heiligtum darstellt: die Kaaba, ein grosser Steinquader, umhüllt mit schwarzen Tüchern. Zu dieser Zeit dient sie der Huldigung des Hoch- oder Schöpfergottes (Allah) und des heidnischen Mondgottes Hubal sowie der anderen Gottheiten, die im religiösen Leben der arabischen Stämme vor der Islamisierung eine Rolle spielen. Der Legende nach wurde

die Kaaba vom Stammvater der drei monotheistischen Religionen Abraham erbaut. Pragmatisch wie die Mekkaner sind, machen sie damit sogar noch ein lukratives Geschäft, indem sie Profit aus den Wallfahrten ziehen. Die reichen Bürger von Mekka denken nicht daran, ihren alten Götzenkult zugunsten einer Religion aufzugeben, die das Ende der Einkünfte von den Pilgern bedeuten würde. Denn der «Islam», die Unterwerfung (unter Gott), lehnt das Götzentum strikte ab und fordert von den Gläubigen die totale Hingabe an einen einzigen Gott und die bedingungslose Einhaltung der religiösen Regeln und Pflichten. Die wohlhabenden Quraish sehen zudem nicht ein, warum sie ihren Reichtum mit der armen Bevölkerung teilen sollen und dafür auf eine Belohnung in einem Paradies hoffen dürfen, das ihnen suspekt erscheint. Im Gegenteil, die mekkanische Elite hält Mohammed für besessen, und sie beginnt, seine kleine Schar Anhänger zu verfolgen, während Mohammed aufgrund des Schutzes durch seinen einflussreichen Onkel Abu Talib von Repressalien der Quraish weitgehend verschont bleibt. Binnen kurzer Zeit können sich die Gläubigen ihres Lebens in Mekka nicht mehr sicher sein, sodass Mohammed ihnen rät, die Flucht aus der Stadt zu ergreifen. Sie wandern 615 schliesslich nach Abessinien aus, wo ihnen der christliche König, der Negus, Asyl gewährt.

622

Mohammed selbst bleibt mit einigen Getreuen vor Ort, bis die Lage sich für die Muslime so sehr zuspitzt, dass auch er fliehen muss, zumal in der Zwischenzeit sowohl Mohammeds Ehefrau Chadidscha als auch sein Onkel Abu Talib verstorben sind. Solange vor allem Letzterer am Leben war, hielten sich die Quraish mit Anfeindungen gegen seinen Neffen zurück, da sie Abu Talib in hohem Mass respektierten. Der Auszug aus Mekka, im Arabischen «Hidschra» genannt, führt Mohammed und seine Anhänger in die 400 Kilometer nördlich von Mekka gelegene Stadt Yathrib, die später den Namen Medinat an Nabi oder einfach Medina (Stadt des Propheten) erhält. Mit dem Auszug des Propheten aus seiner Geburtsstadt wird auch die islamische Zeitrechnung eingeläutet.

Nicht lange nach seiner Ankunft in Medina kann Mohammed dank seines rhetorischen Talents, das gerade bei jungen Leuten gut ankommt, bereits eine grosse Schar Einheimischer, aber auch Angehörige von lokalen Beduinenstämmen für sich gewinnen, jedoch schlägt ihm insbesondere vonseiten der Juden und Christen Widerstand entgegen. Er will den Islam in Medina und darüber hinaus fest verankern und vor allem die heidnische Vielgötterei ausmerzen. Wohl nicht zuletzt aufgrund der Ablehnung seiner Lehre beginnt der Exilant aus Mekka zügig damit, vermehrt martialische Botschaften zu predigen, und ordnet seinem erklärten Ziel, der völligen Umgestaltung des Pilgerrituals nach nunmehr islamischen Prinzipien und der totalen Kontrolle über die Quraish, alles unter. Zwecks Verwirklichung dieser Zielsetzung ruft Mohammed den Jihad aus, der sich zunächst nur auf die Eroberung Mekkas bezieht, dann jedoch auch die Kriege und Feldzüge gegen Karawanen und Andersgläubige, sprich Juden, Christen und Heiden, umfasst. Bevor er aber auszieht, gegen seine eigenen Stammesangehörigen in Mekka vorzugehen und diese unter seine Gewalt zu bringen, dehnt er nach und nach die Umma, die muslimische Gemeinschaft, in Medina aus, bis diese stark genug ist, die Oberhand über die Oasenstadt zu erlangen.

624–627

Im Zug seines missionarischen Eifers entledigt sich Mohammed sämtlicher Feinde bzw. Personen, von denen er glaubt, dass sie gegen ihn und die Sache Allahs arbeiten würden. Dazu gehören vor allem auch die Angehörigen der drei jüdischen Stämme Qurayza, Qaynuqa und Nadir, die entweder vertrieben oder ermordet werden. Die Männer des Stammes Qurayza lässt er allesamt enthaupten, während die Frauen und Kinder versklavt werden.

Dass sich der Islam in Medina rasch ausbreiten kann, hängt nicht nur mit Mohammeds Befähigung zusammen, die Menschen für seine Lehre zu begeistern. Die militärischen Erfolge und Angriffe gegen die reich bestückten Karawanen der Mekkaner tragen entscheidend dazu bei, Mohammeds Glaubwürdigkeit als Gesandter Gottes bei den Ansar, den Einwohnern von Medina, zu untermauern. Dies gilt besonders für die legendäre Schlacht bei Badr im März 624, als der Prophet während eines neuerlichen Beutezugs unweit von Medina auf eine grössere Truppe bewaffneter Mekkaner stösst und diese besiegen kann – trotz des zahlenmässig überlegenen Gegners.

630

Obschon – oder gerade weil – Mohammed sowohl das Juden- als auch das Christentum verachtet und beide Glaubensausrichtungen als entartet abqualifiziert, übernimmt er das eine und andere religiöse Ritual wie etwa das Freitagsgebet, das auf der jüdischen Sabbatfeier fusst, die tägliche Verrichtung des Gebets und die Verbote bezüglich «unreiner» Speisen (jüd. «koscher», arab. «halal»). Sogar die Gebetsrichtung legt Mohammed zu Beginn auf Jerusalem fest; erst zwei Jahre nach der Hidschra ändert er dies und verfügt, dass die Muslime sich künftig nach Mekka richten müssen.

Die Aussicht auf Beteiligung an der Beute durch die Karawanenüberfälle verlockt unzählige Araber dazu, sich Mohammed anzuschliessen. Eher aus pragmatischen denn religiösen Gründen treten sie der neuen Umma bei. Diese wächst denn auch sehr schnell, sodass der allseits verehrte Kriegsführer bald ein zahlenmässig starkes Heer formieren kann, um den lange ersehnten Feldzug gegen Mekka einzuleiten. Im Januar 630 ist es so weit: Mit rund 10 000 Kriegern macht sich Mohammed auf den Weg, seine Heimatstadt zu erobern. Zu seiner Verwunderung stellt er fest, dass die Mekkaner kaum Widerstand leisten. Sie «überreichen» ihm die Stadt quasi kampflos, worauf Mohammed den verfeindeten Quraish gegenüber zumeist Amnestie gewährt. Er hat ein leichtes Spiel mit den bitterarmen Einwohnern, die sich in Massen dem zurückgekehrten Propheten und dessen Lehre unterwerfen, insbesondere da dieser umgehend mit der Umstrukturierung der gesellschaftlichen sowie religiösen Ordnung in Mekka beginnt. Dazu gehört allem voran die Verbannung des Heidentums, die zunächst in der Entfernung und Vernichtung der Götzenfiguren bei der Kaaba zum Ausdruck kommt. Mohammed schickt sich an, die Unterwerfung unter den einen und einzigen Gott voranzutreiben, wobei er seinen Anhängern verbietet,

Freundschaften mit Christen und Juden einzugehen. Diese werden zudem gezwungen, eine Kopfsteuer zu entrichten, wenn sie in Mekka und im gesamten Gebiet, wo sich der Islam installiert hat, verbleiben wollen.

632
Als Mohammed im Alter von 62 Jahren in Medina stirbt, hat er sein Lebenswerk vollendet. Die arabische Halbinsel ist im Zug der Einigung der Stämme islamisiert worden. Mohammeds Nachfolger werden die neue monotheistische Religion neben dem Christen- und Judentum in die Welt hinaustragen, und sie werden dabei eine einzigartige Erfolgsgeschichte schreiben.

632–661
Der Tod Mohammeds löst eine Schockwelle unter den Muslimen aus. Zum einen haben sie überhaupt nicht damit gerechnet, dass ihr geistliches, politisches und militärisches Oberhaupt so plötzlich abberufen wird, auf der anderen Seite stürzt genau diese Tatsache die muslimische Gemeinschaft in ein Dilemma. Denn Mohammed hat es versäumt, die Nachfolge zu regeln, sodass die Umma sich vor das Problem gestellt sieht, einen würdigen Kalifen (arab. Stellvertreter, Nachfolger) zu ernennen. Zudem fühlen sich mehrere Stämme nach dem Tod des Propheten nicht mehr verpflichtet, sich dessen strenger Glaubenslehre und Lebensweise unterzuordnen. Es muss also so schnell wie möglich ein Kalif an die Spitze der Umma gestellt werden, um die Ordnung aufrechtzuerhalten. Die Stammeschefs begeben sich nach Medina und wählen Mohammeds Freund und Weggefährten Abu Bakr, da dieser darüber hinaus auch der Vater von Mohammeds Lieblingsfrau Aischa ist und dem Stamm der Quraish angehört. Abu Bakr erweist sich als ebenso loyaler und integrierender wie durchsetzungsfähiger und strenger Kalif, der es schafft, die abspenstigen Stämme zur Räson zu bringen. Als grosser Heerführer treibt er im Namen Mohammeds die Expansion des Islam weiter voran und erobert weite Teile von Syrien und Palästina, womit er für seinen Nachfolger Omar Ibn al-Khattab (ab 634 Kalif) die Basis legt für weitere erfolgreiche Kriegszüge. So fallen den Mus-

limen nach und nach ganz Syrien, Palästina und Irak zu. In jedem eroberten Land führt Omar eine straffe Verwaltung ein, wodurch sowohl die gesellschaftliche Ordnung wie auch die Stellung des Islam Beständigkeit erlangen. Nach Omars Ermordung 644 durch einen christlichen Sklaven gelangt Uthman Ibn Affan zu Kalifenwürden. Uthman wird insbesondere wegen seiner Bemühungen, den Koran zu vereinheitlichen, in die Geschichte eingehen. Er wird 656 ebenfalls ermordet. Der Letzte in der Reihe der ersten vier («rechtgeleiteten») Kalifen ist schliesslich Ali Ibn Abi Talib, Schwiegersohn und Vetter des Propheten. Ali verlegt den Sitz des Kalifen von Medina nach Kufa im heutigen Irak und sieht sich einem mächtigen Kontrahenten gegenüber: Muawiya Ibn Abi Sufyan aus der Sippe der mekkanischen Umayyaden, der noch von Uthman als Statthalter in Damaskus eingesetzt wurde und die Wahl Alis zum Kalifen anficht. Muawiya und seine Anhänger werden von Mohammeds Witwe Aischa unterstützt, sodass die Gegnerschaft Alis anwächst, was zur Schlacht von Siffin am Euphrat führt, die jedoch keinen Sieger hervorbringt. Muawiya gelingt es aber, die Gunst eines Schiedsgerichtes zu erlangen, worauf Ali entmachtet und 661 ermordet wird.

Mit der Wahl Muawiyas zum neuen Kalifen beginnt die lange Herrschaft der Umayyaden. Noch zu Alis Lebzeiten haben sich vor allem zwei Lager gebildet, die sich noch heute bis aufs Blut bekämpfen: die «Partei» Alis, die Schiiten, und die Anhänger Muawiyas, die Sunniten. Im Unterschied zu den Schiiten, die sich für einen Verwandten Mohammeds als Kalifen starkmachen, bestehen die Sunniten auf einem Nachkommen aus der Familie der Quraish.

661–750

Unter den Umayyaden erfolgt die grösste Ausdehnung des islamischen Imperiums. Bis tief in europäische Gebiete stossen die Araber vor, bis sie 732 vom fränkischen Hausmeier (Statthalter) Karl Martell in der Schlacht von Tours und Poitiers aufgehalten und zurückgedrängt werden. Nach ihrem Sieg 711 über die in Spanien beheimateten Westgoten erobern die Mauren, islamisierte Berberstämme aus Nordafrika (insbesondere aus Mauretanien), binnen kurzer Zeit die gesamte Iberische Halbinsel und geben ihr den Namen al-Andalus. Die Umayyaden werden schliesslich um 750 im Zug von inneren Machtkämpfen von den Abbasiden – benannt nach dem Onkel des Propheten al-Abbas Ibn Abd al-Muttalib – gestürzt, behalten aber al-Andalus, wo der Enkel des vorletzten Umayyaden-Kalifen Hisham, Abd ar-Rahman Ibn Mu'awija, 756 die Stadt Cordoba erobert und ein Emirat errichtet. In der Folgezeit, genauer bis zum Jahr 976, entsteht ein arabisches Spanien, was das Land bis heute prägt. Architektur, Kultur, Kunst und Wissenschaften erfahren durch die, gemessen an den europäischen Verhältnissen des Mittelalters, weit entwickelten Muslime eine Blütezeit. Der Lebensstil der Menschen sowohl bei Muslimen, Christen als auch Juden, die sich gegenseitig akzeptieren, passt sich rasch den arabischen Gewohnheiten an, was sich etwa in der Küche, aber auch in der Musik und sogar bei der körperlichen Hygiene bemerkbar macht, beispielsweise durch orientalische Duftwässerchen und andere Pflegemittel. Es ist eine lange Zeit des kulturellen Austausches, die erst mit dem Fall von Granada 1492 endet.

750–1517

Das Herrschaftssystem der Umayyaden ruft in der Mitte des 8. Jahrhunderts unter vielen, insbesondere schiitischen Muslimen Unzufriedenheit hervor. Viele fühlen sich von der Dynastie benachteiligt und ungerecht behandelt. Der Unmut in der Bevölkerung von Damaskus und darüber hinaus führt schliesslich zu einem Aufstand, dem der Umsturz des Umayyaden-Regimes folgt. Zum ersten Kalifen der neuen Herrscherdynastie der Abbasiden wird Abul-Abbas Abdullah ibn Muhammad as-Saffah ernannt, ein Bruder des 749 verstorbenen Abbasidenführers Ibrahim al-Imam. Nach dessen Tod 754 folgt ihm sein Bruder Abu Dschafar al-Mansur, der den Sitz des Kalifen von Damaskus nach der von ihm gegründeten Stadt Bagdad verlegt. Während unter den Umayyaden die Expansion des Reiches im Norden und Nordwesten bis nach Europa und im Osten bis Persien erfolgte, bilden die Abbasiden machtvolle Wirtschaftszonen, die von Bagdad aus gesteuert werden. Die Phase der Abbasiden wird aufgrund der Prosperität im gesamten islamischen Imperium auch als Goldenes Zeitalter bezeichnet.

1258 wird Bagdad von den nach Europa vorpreschenden Mongolen erobert und der letzte Kalif, al-Mustasim, hingerichtet, was jedoch nicht zugleich auch das Ende der abbasidischen Herrschaft bedeutet. Nach dem Fall von Bagdad weicht der Nachfolger al-Mustasims, al-Mustansir II., nach Kairo aus, wo er von Baibars I., dem Sultan von Syrien und Ägypten, zum «Ersatz»-Kalifen ernannt wird. In Kairo endet schliesslich 1517 das jahrhundertealte Regime der Abbasiden-Dynastie mit der Einnahme der Stadt durch das Heer des osmanischen Sultans Selim I. Die Osmanen bzw. Türken befinden sich zu dieser Zeit auf dem Höhepunkt ihrer Macht, die sich von Südosteuropa über den Nahen Osten bis nach Ägypten ausdehnt, indes die islamische Hochkultur in Spanien untergegangen ist.

Um 1300 haben die muslimischen Osmanen, deren Name auf den anatolischen Stammesführer und Begründer des späteren Riesenreiches Osman zurückgeht, weite Teile des Byzantinischen Reiches eingenommen. Nachdem sie zunächst Mazedonien und dann Bulgarien erobern, stehen sie im Juni 1389 vor den Toren Serbiens und schlagen Fürst Lazar Hrebeljanovic und dessen Heer in der legendären Schlacht auf dem Amselfeld im heute unabhängigen Kleinstaat Kosovo. In den folgenden Jahrzehnten setzen die Osmanen ihren Expansionszug kontinuierlich fort und stossen immer weiter nach Norden vor, bis sie 1463 die Stadt Jaice in Zentralbosnien einnehmen und den letzten König des Landes, Stjepan Kotromanic, töten. Nur zehn Jahre zuvor haben sie ihren Feldzug auf byzantinischem Boden mit dem Fall der uralten und bedeutungsschwangeren Metropole Konstantinopel gekrönt und die über tausendjährige christliche Herrschaft beendet.

1529–1683

Die Osmanen geben sich mit der Eroberung des ganzen Balkangebiets freilich nicht zufrieden, sind sie doch von einem militärischen Erfolg zum nächsten geeilt. Nun machen sie sich daran, auch die Mächte in Mittel- und Osteuropa, namentlich die Habsburger, herauszufordern. Zu diesem Zweck ziehen sie 1529 mit einem riesigen Heer unter Führung von Sultan Suleiman II. vor die Residenzhauptstadt des Habsburgerreiches Wien und belagern diese während dreier Wochen. Obschon die Osmanen etliche Vorstösse unternehmen, um die Stadt zu stürmen, scheitern sie an den vereinten Kräften des Heiligen Römischen Reiches, das von einem spanischen Kontingent unterstützt wird. Dieser sogenannten Ersten Wiener Türkenbelagerung folgt 1683 eine zweite, die ebenfalls misslingt und den türkisch-österreichischen Krieg auslöst. Es sollte der letzte Versuch einer islamischen Grossmacht sein, weiter in den europäischen Kontinent einzudringen. Dennoch ist das Osmanische Reich bis zu seinem Untergang 1922 die einzige Macht nach der Zerschlagung der maurischen Herrschaft in Spanien, deren muslimisch geprägte Kultur Einfluss auf die Gesellschaftsstruktur in Europa ausübt. Die in ihrer grossen Mehrheit muslimischen Bosniaken sind ein massgeblicher Beweis für das kulturelle Erbe der Türken.

1745
Der erste Imam der saudischen Dynastie im Geburtsland des Islam, Muhammad ibn Saud, trachtet in der Mitte des 18. Jahrhunderts sowohl nach mehr politischem als auch nach mehr religiösem Einfluss auf der Arabischen Halbinsel. Der strenggläubige Sohn des Emirs von Diriyya, heute ein Vorort der Hauptstadt Riad, verbündet sich deshalb mit Muhammad ibn 'Abd al-Wahhab, einem Religionsgelehrten und Begründer der saudischen Staatsreligion, des Wahhabismus. Muhammad ibn Saud kommt dem Fundamentalisten al-Wahhab zur Unterstützung seiner Pläne gelegen; er will die rückwärtsgewandte (salafistische) Auslegung des Korans vorantreiben. Muhammad ibn Sauds Unterwerfung der arabischen Stämme läuft mit al-Wahhabs Bestrebungen parallel, und binnen kurzer Zeit, das heisst ab dem Zeitpunkt der Machtergreifung ibn Sauds, wird der Wahhabismus zum religiösen und politischen Pfeiler der saudischen Dynastie. Das Königshaus erachtet bis heute die Verknüpfung zwischen Religion und Politik als göttliches Gebot und folglich untrennbar.

1850
Die Kolonialpolitik der aufstrebenden europäischen Grossmächte wie Grossbritannien, Frankreich und Deutschland leistet der flächendeckenden Verbreitung des Islam gerade auf dem afrikanischen Kontinent enorm Vorschub, nicht zuletzt durch den Sklavenhandel etwa der Sultane von Oman und Sansibar. Deren «Geschäftspolitik» bewirkt eine grosse Ausdehnung des Islam im Osten des afrikanischen Kontinents, während im Süden indische Muslime als Arbeiter auf britischen Plantagen beschäftigt werden, wobei viele von ihnen vor Ort bleiben und Familien gründen. Im Windschatten dieser Migration verschlägt es auch etliche Händler aus islamischen Gebieten in die Kolonien, zumal der Eisenbahnbau den Drang ins Binnenland erheblich erleichtert. So installieren sich nach und nach auf dem ganzen Globus islamische Gemeinden, deren Absicht es lediglich ist, in Frieden zu leben und einer Erwerbstätigkeit nachzugehen.

1932
Abdulaziz ibn Saud proklamiert das Königreich Saudiarabien und verfügt den Gottesstaat sowie die islamische Rechtsprechung, die Scharia.

1938
Der Fund gigantischer Erdölvorkommen in Saudiarabien beschert dem Königshaus binnen kurzer Zeit rasches Wirtschaftswachstum und sagenhaften Reichtum. Dies verschafft den Saudis eine vorteilhafte Position in den Handelsbeziehungen mit dem Westen, die sie mitunter auch für Druckmanöver ausnutzen, wie die Ölkrise in den 1970er-Jahren zeigen wird. Dadurch sind sie auch in der Lage, ihre Vorstellungen vom radikalen Gottesstaat ohne Rücksicht auf die Menschenrechte durchzuboxen und entsprechende Kritik von aussen geflissentlich zu ignorieren, denn die westlichen Wirtschaftsmächte sind nahezu alle vom Erdölexport der arabischen Halbinsel abhängig.

1948

Nach dem Beschluss der Vereinten Nationen im November 1947, das britische Mandatsgebiet Palästina in einen jüdischen und einen arabischen Teil zu spalten, proklamiert David Ben Gurion 1948 den Staat Israel. Unmittelbar darauf greifen Syrien, Jordanien, Libanon, Ägypten und Irak den neuen Judenstaat militärisch an, doch Israel schafft es, sich trotz Unterlegenheit erfolgreich zu verteidigen, was auch begünstigt wird durch die Uneinigkeit und das Misstrauen unter den arabischen Staaten. Schliesslich kommt es zum Waffenstillstand. Gleichzeitig wird der Grundstein gelegt für die bis heute andauernde Krise im Nahen Osten, die vorrangig von Territorialansprüchen der Parteien beherrscht wird; religiöse Animositäten spielen eher sekundär eine Rolle, auch wenn der Hass zwischen Juden und Arabern praktisch omnipräsent ist.

1962

In Mekka wird unter König Saud und Kronprinz Faisal im Rahmen einer Konferenz mit Gelehrten aus 22 Ländern die Gründung der Islamischen Weltliga beschlossen. Saudiarabien verfolgt mit diesem aussenpolitischen Instrument die weltweite Verbreitung des Wahhabismus und investiert seit den 1970er-Jahren etwa 90 Milliarden Dollar in den Aufbau der Strukturen und die Bildung von nicht weniger als 21 Unterorganisationen der Liga, die mittels enormer finanzieller Ressourcen des Königreichs auf jedem Kontinent operativ tätig ist. Dazu gehört beispielsweise der Bau von unzähligen Moscheen und islamischen Zentren vor allem auch in Europa.

1979

Die Sowjetunion interveniert in Afghanistan, um die Ermordung des kommunistischen Parteichefs durch muslimische Rebellen zu rächen und mit der Besetzung des Landes am Hindukusch Einfluss auf den Mittleren Osten zu gewinnen. Jedoch rechnen die Sowjets nicht mit dem harten Widerstand der Bevölkerung, die nicht zuletzt aufgrund ihres Glaubens das sozialistische Modell ablehnt. Als Konsequenz erfolgt ein gnadenloser Krieg, der das Land innerhalb von zehn Jahren in weiten Teilen verwüstet, aber zugleich das Ende des kommunistischen Russland einläutet. Eine weitere massgebliche Folge des Afghanistankriegs, die den Verlauf der jüngeren Geschichte bestimmen wird, ist die Herausbildung von Widerstandskämpfern, die sich selbst als «Gotteskrieger» bezeichnen und fünf Jahre nach dem Krieg die Herrschaft an sich reissen: den Taliban. Zudem beteiligt sich der Spross einer steinreichen saudischen Familie an den militärischen Auseinandersetzungen, der als «Terrorpate» die Welt in Angst und Schrecken versetzen wird: Usama bin Ladin.

2001–2017
19 Männer von zumeist saudiarabischer Herkunft verüben unter ihrem Chef Mohammed Atta die wohl schlimmsten Terroranschläge seit Menschengedenken. Am 11. September 2001 kapern sie vier Flugzeuge in den USA und steuern zwei von ihnen in die Twin Towers des World Trade Center in New York. Die Welt ändert sich an einem einzigen Tag schlagartig, es ist ein Fanal für den Islam und deren Zugehörige, die sich ab diesem Zeitpunkt in den Fokus von Angriffen gegen ihren Glauben gestellt sehen, zumal die folgenden Jahre weltweit vom Terrorismus dominiert werden. Als Konsequenz der Anschläge in den USA bricht die Administration George W. Bush als Erstes einen neuen Afghanistankrieg vom Zaun, in dessen Verlauf die Taliban gestürzt werden, die dem Verantwortlichen der Attentate, Usama bin Ladin, Gastrecht gewährt haben. Des Urhebers werden die Amerikaner indes nicht habhaft. Erst zehn Jahre nach den Anschlägen in Amerika kann bin Ladin in Pakistan ausfindig gemacht und von einer Spezialeinheit getötet werden. 2003, kaum ein Jahr nach dem Angriff auf Afghanistan, beginnen die USA einen Krieg gegen den irakischen Diktator Saddam Hussein. Sie begründen die Intervention mit der angeblichen Herstellung von Massenvernichtungswaffen seitens des irakischen Regimes, ohne konkrete Beweise vorlegen zu können. Den amerikanischen Streitkräften gelingt es zwar, Saddam Hussein zu fassen und der Gerichtsbarkeit zuzuführen – wo er schliesslich zum Tod durch den Strang verurteilt wird –, doch das Erbe, das sie hinterlassen, stürzt vor allem die arabische bzw. nahöstliche Welt in ein Chaos, das seinesgleichen sucht.

Neben bin Ladins Terrornetzwerk al-Kaida entstehen neue und weitaus gefährlichere Organisationen wie der Islamische Staat im Irak und in Syrien (Isis bzw. IS), der sich aus ehemaligen Soldaten und Offizieren der irakischen Armee sowie unzähligen weiteren Sympathisanten aus jedem Winkel der Erde zusammensetzt. Seit August 2014 ist eine internationale militärische Allianz unter Führung der USA im Begriff, den IS aus dessen eroberten Gebieten im Raum Syrien und Irak zu vertreiben.

Statuten der Genfer Moschee im Quartier Petit-Saconnex

S

STATUTS
de la
FONDATION CULTURELLE ISLAMIQUE DE GENÈVE

Préambule

Le Royaume d'Arabie Saoudite possède deux parcelles de terrain, numéros 4009 et 4010 (folio 60), dans le quartier de Petit-Saconnex de la ville de Genève. Sur ces parcelles a été bâti un complexe immobilier qui comprend une mosquée et différents bâtiments, contenant notamment une bibliothèque islamique et des salles d'études. Le Royaume d'Arabie Saoudite demeurera le propriétaire de ce complexe mais confie sa gestion à une fondation conformément à l'art. 80 et suivants du Code civil suisse.

Constitution

Article 1

Le Royaume d'Arabie Saoudite (ci-après « le fondateur ») crée une fondation sous le nom de :

FONDATION CULTURELLE ISLAMIQUE DE GENÈVE

et cela, en vertu d'un acte authentique conformément aux dispositions de l'art. 80 et suivants du Code [civil] suisse.

Siège et Durée

Article 2

Le siège de la Fondation est dans la ville de Genève et sa durée est illimitée.

But

Article 3

La Fondation a pour but la gestion et l'exploitation du Centre culturel et religieux islamique sis au 34, rue Colladon à Genève, érigé sur les deux parcelles de terrain, numéros 4009 et 4010 (folio 60), propriété du fondateur.

La Fondation assurera en particulier ce qui suit :

- l'observance des pratiques cultuelles de la religion musulmane ;
- le maintien d'une école coranique pour les enfants ;

Marale SIMSAR-TONBAZIAN
RÉPUBLIQUE ET CANTON DE GENÈVE
Traductrice-jurée

- le maintien d'un centre religieux et culturel destiné aux musulmans de Suisse, notamment à ceux et celles habitant Genève, ainsi qu'aux musulmans [habitant] ailleurs ;
- la diffusion de la culture islamique parmi le peuple suisse et notamment les habitants de Genève ;

La Fondation peut également posséder, créer et gérer d'autres centres culturels et religieux islamiques en Suisse ou à l'étranger.

Il est strictement interdit de diffuser ou de s'engager dans tout sujet ou toute conversation traitant de la politique intérieure d'un quelconque pays dans la mosquée ou au sein de la Fondation.

Il est strictement interdit de distribuer tout document, toute brochure ou publication ou autre dans la mosquée ou au sein de la Fondation sans l'autorisation préalable de la direction de la Fondation.

Capital

Article 4

En vue d'atteindre le but indiqué à l'article 3 ci-dessus, le fondateur fera don à la Fondation d'un capital de quinze millions de francs suisses (15'000'000) pour assurer des immeubles de premier ordre en Suisse et notamment des bâtiments à caractère social ou sous forme de titres privilégiés dont le revenu sera utilisé pour couvrir les frais de ladite Fondation.

Ces biens seront soumis à la gestion et à la supervision du Conseil constitutif de la Fondation.

Il est interdit d'acheter des titres en bourse.

Organisation

Article 5

Les organes de la Fondation sont :

- Le Conseil constitutif
- L'organe de révision

Marale SIMSAR-TONBAZIAN
République et Canton de Genève
Traductrice-jurée

<u>Le Conseil constitutif</u>

<u>Article 6</u>

Le fondateur confie à la Ligue du Monde Islamique au Royaume d'Arabie Saoudite la tâche de nommer les membres du Conseil constitutif et son président.

Ce Conseil est composé de neuf à quinze membres musulmans dont la majorité doit être domiciliée en Suisse.

Lors de la nomination des membres du Conseil, il sera tenu compte des services que ceux-ci pourraient rendre à la Fondation. Les membres du Conseil sont nommés pour une période de 3 ans qui peut être renouvelée.

<u>Article 7</u>

Il appartient au Conseil constitutif d'établir ses organes et notamment de nommer le secrétaire, qui ne doit pas être membre du Conseil. Le Conseil constitutif nomme également les personnes qui représentent la Fondation vis-à-vis des tiers et fixe le pouvoir de signature. Les personnes ayant le droit de signer pour la Fondation doivent impérativement être membres du Conseil.

Le Conseil constitutif désignera un Comité exécutif chargé de suivre l'exécution de ses résolutions, composé de :

- le surveillant de la Fondation ;
- trois membres du Conseil constitutif

<u>Article 8</u>

Le surveillant de la Fondation :

Le Conseil constitutif mandate la Ligue du Monde Islamique pour nommer et licencier le surveillant de la Fondation ainsi que pour définir ses pouvoirs selon l'intérêt du travail et les exigences des Statuts de la Fondation. Le mandat du surveillant est de trois ans et peut être renouvelé. Le surveillant sera responsable de l'activité de la Fondation, veillera à la réalisation des objectifs fixés dans les Statuts. De surcroît, il désignera les personnes habilitées à prendre la parole ou à prononcer des sermons dans la mosquée ou au sein de la Fondation.

Aucune conférence ou discussion ne peut être organisée sans son accord.

Le surveillant de la Fondation a le droit, selon les circonstances, d'interdire à toute personne l'accès aux infrastructures de la Fondation. En particulier, il ne transigera pas avec ceux qui violent les dispositions des alinéas 3 et 4 de l'article 3 des Statuts.

Toute décision émanant du surveillant de la Fondation en matière de l'entretien, la protection et la sécurité de la mosquée et de la Fondation sera considérée comme un complément des Statuts et sera exécutoire.

Article 9

Le Conseil constitutif prend ses décisions à la majorité des membres présents. En cas de partage des voix, la voix du président ou du vice-président sera prépondérante. Toute proposition sur laquelle les membres du Conseil constitutif expriment leur avis par écrit sera équivalente à une décision prise en bonne et due forme lors d'une réunion du Conseil. Les décisions du Conseil constitutif ne sont pas susceptibles de recours.

Article 10

Il sera dressé un procès-verbal des délibérations du Conseil constitutif, qui sera signé par le président ou le vice-président et le secrétaire.

Article 11

Chaque année, le Conseil constitutif soumet au fondateur un rapport écrit sur ses activités.

Article 12

Les comptes de la Fondation sont arrêtés au 31 décembre de chaque année, pour la première fois au 31 décembre 1979. Ces comptes ainsi que le rapport annuel sur les activités de la Fondation sont mis à la disposition du fondateur.

Organe de révision

Article 13

Chaque année, le Conseil constitutif nomme un organe de révision, composé d'une ou de plusieurs personnes. Cette mission peut être confiée à une société fiduciaire.

Le Conseil constitutif introduit l'organe de révision au fondateur, qui a le droit d'opposition.

Marale SIMSAR-TONBAZIAN
RÉPUBLIQUE ET CANTON DE GENÈVE
Traductrice-jurée

Dissolution et liquidation

Article 14

La Fondation sera dissoute lorsqu'elle ne pourra plus réaliser son but, auquel cas les biens de la Fondation seront dévolus à une ou plusieurs fondations de droit suisse, réalisant les mêmes buts sociaux, culturels et religieux, tels que définis par le Royaume d'Arabie Saoudite, et bénéficiant d'une exonération d'impôts. Dans tous les cas, les biens de la Fondation ne peuvent être dévolus à des personnes fondatrices, ni individuellement, ni collectivement. Ils ne peuvent en aucune manière être utilisés, ni intégralement, ni partiellement, à leurs intérêts personnels.

Signatures des membres et du président du Conseil constitutif :

Dr. Abdullah bin Abdulmuhsin Alturki *(signature)*
Dr. Saleh bin Hussein Alaayed *(signature)*
Dr. Abdulrahman bin Abdullah Alzaid *(signature)*
M. Nabil bin Mohammed Al-Saleh *(signature)*
Mme Elisabeth (Isabelle) Khan *(signature)*
Dr. Farouk Wassif El-Kharouf *(signature)*
M. Abdul Qader Ansari *(signature)*
M. Youssef Ibram *(signature)*
M. Omar bin Ibrahim El Sanie *(signature)*
M. (Idriss) Claude Michel Fontaine *(signature)*

Genève, le 22.12.2010

(Légalisation des signatures par Me Gérard Defacqz, notaire à Genève, le 14 mars 2011)

(Sceau et signature du notaire et timbre-taxe)

TRADUCTION CERTIFIEE CONFORME
Marale Simsar-Tonbazian
Traductrice-jurée
58, rue de la Terrassière
1207 GENEVE
Tél: 022 700 36 85
msimsar@worldcom.ch

Genève, le 21 mars 2011

Marale SIMSAR-TONBAZIAN * Traductrice-jurée * RÉPUBLIQUE ET CANTON DE GENÈVE

Die Freiburger Deklaration

Gemeinsame Erklärung säkularer Muslime in Deutschland, Österreich und der Schweiz.

«Unwissenheit führt zu Angst, Angst führt zu Hass und Hass führt zu Gewalt. Das ist eine einfache Gleichung.»

Ibn Rushd (1126–1198),
muslimischer Philosoph und Arzt

Unsere Vision

Wir träumen von einer Islamreform. Von einer Aufklärung, aus der eine muslimische Gemeinschaft erwächst, die sich als integralen Bestandteil der europäischen Gesellschaft sehen will, die offen und neugierig gegenüber ihren Mitmenschen, der europäischen Kultur und den Herausforderungen der Moderne ist.

Wir träumen von einer muslimischen Gemeinschaft, die Frieden, Toleranz und Nächstenliebe predigt und lebt, die Gleichberechtigung predigt und lebt, die Respekt vor anderen Religionen und andersdenkenden Menschen predigt und lebt.

Wir träumen von einer muslimischen Gemeinschaft, die alle Formen der individuellen Persönlichkeitsentfaltung respektiert und schützt, die alle Formen der individuellen Lebensgestaltung respektiert und schützt, die alle Formen des Miteinanders und alle Lebensformen respektiert und schützt.

Wir träumen von einer muslimischen Gemeinschaft, die den Glauben als eine persönliche Angelegenheit zwischen Gott und dem Einzelnen sieht, die sich nicht davor scheut, ihre Religion kritisch zu hinterfragen und ihre Positionen immer wieder neu zu überdenken, weiterzuentwickeln und sie in Einklang mit der Lebensrealität zu bringen.

Unsere Werte

Wir stehen für ein humanistisches, modernes und aufgeklärtes Islamverständnis im zeitgemässen Kontext und verstehen uns selbst als säkulare Musliminnen und Muslime.

Unserem Koranverständnis nach beruht der Glaube auf der ganz persönlichen und individuellen Beziehung des Einzelnen zu Gott. Der Glaube stellt eine Quelle dar für Spiritualität, Resilienz und innere Stärke.

Gleichzeitig sehen wir innerislamische Kritik als unerlässlich an. Dabei darf Islamkritik nicht mit Islamophobie verwechselt werden, denn sie ist im demokratischen Sinne geboten, um ein differenziertes Aufklärungsprogramm innerhalb der muslimischen Gemeinschaft auf den Weg zu bringen. Wir betonen den interkulturellen Dialog mit allen Religionen und Weltanschauungen, und wir setzen uns aktiv dafür ein. Sowohl die Religion als auch der Glaube dürfen und sollen ständig hinterfragt, beurteilt und ergründet werden. Dies sehen wir als den wichtigsten Weg auf der ständigen Suche nach Wahrheit an. Aufgrund dessen unterstützen und fordern wir einen konstruktiven, offenen und kritischen Diskurs innerhalb der muslimischen Gemeinschaft. Meinungsvielfalt und Meinungsverschiedenheit als essenzielle Basis für die Freiheit sind nicht nur erwünscht, sondern unerlässlich, um zu einem modernen und humanistisch geprägten Islamverständnis zu kommen.

Im Zentrum der Religion steht der Mensch mit seinen Bedürfnissen, Stärken und Schwächen, seiner Fähigkeit zu Vernunft und zu Empathie. Der reformierte Islam geht vom mündigen, selbstbestimmten, empathischen und von der Vernunft geleiteten Menschen aus, der selbstverantwortlich handelt und mit den Freiheiten, die ihm dieser Staat und diese Gesellschaft bieten, verantwortungsvoll umgehen kann.

Das Fundament für diese Freiheiten bilden die unverletzlichen und unveräusserlichen Menschenrechte. Demnach hat jeder Mensch das Recht, in völliger Freiheit und selbstbestimmt über sein Leben und seinen Glauben zu bestimmen. Alle Menschen sind gleichberechtigt und gleichwertig.

1. Darauf fussend lehnen wir Diskriminierungen jedweder Art ab. Dazu gehören insbesondere auch Antisemitismus und Homophobie.
2. Wir stehen uneingeschränkt für die Gleichberechtigung von Mann und Frau ein. Diskriminierungen, insbesondere religiös begründete Diskriminierungen von Frauen, lehnen wir strikt ab. Wir lehnen die Vielehe als frauenfeindliche Form der Partnerschaft ab. Ebenso lehnen wir sogenannte Imam-Ehen ab, also Eheschliessungen, die in einer Moschee stattfinden und vor dem Gesetz keine Gültigkeit haben. In der Realität sind Frauen oftmals Leidtragende bei diesen Eheschliessungen, denn aus diesen Ehen leiten sich weder Rechtsansprüche bei Unterhalt oder Rente noch Steuervorteile ab. Den Männern hingegen bietet die Imam-Ehe die Möglichkeit, am Gesetz vorbei eine Vielehe zu führen.
3. Ebenso lehnen wir sexuellen Missbrauch von Minderjährigen in Form von sogenannten Kinderehen ab. Die körperliche und seelische Unversehrtheit ist ein hohes und absolut schützenswertes Gut. Deshalb distanzieren wir uns von jeglicher Art von körperlicher und seelischer Gewalt, sei es in Form von gesetzlichen Strafen, als Mittel der Konfliktlösung oder als erzieherische Massnahmen. Daraus ergibt sich ganz klar, dass wir die Todesstrafe und Körperstrafen als unmenschlich und überwunden ansehen und sie ablehnen.
4. Jeder Mensch hat das uneingeschränkte Recht, selbst über seinen Körper, seine Bekleidung und über seine Sexualität zu entscheiden. Bekleidungszwänge, Zwangsheiraten und religiöse Eheverbote sowie eine Verdammung von selbstbestimmter freier Sexualität lehnen wir ab.
5. Jedes Kind hat das Recht auf eine gewalt- und angstfreie Erziehung. Jedes Kind hat das Recht, sich frei zu entwickeln. Die Familie kann diesen Prozess unterstützen, indem sie dem Kind das Gefühl von Sicherheit und Geborgenheit gibt. Eine Pädagogik, die darauf basiert, dem Kind Angst vor Gott, Angst vor einer Bestrafung, Angst vor der Hölle zu

machen, lehnen wir ab. Des Weiteren halten wir die Teilnahme am schulischen Pflichtunterricht, einschliesslich Schwimm-, Sport- und Sexualkundeunterricht, sowie die Teilnahme an schulischen Veranstaltungen wie Klassenfahrten für unerlässlich für die Entwicklung des Kindes. Wir lehnen Freistellungen aus islamischen Gründen ab.

6. Wir stehen hinter dem staatlichen Gebot zur religiösweltanschaulichen Neutralität. Wir befürworten es, wenn Staatsdiener, insbesondere Lehrerinnen und Richterinnen, auf das Tragen von religiös begründeter Bekleidung, namentlich dem Kopftuch, verzichten.

Wir verstehen uns nicht als Konkurrenten zu anderen muslimischen Gruppen. Reformmuslime möchten Alternativen zu den herkömmlichen Sichtweisen aufzeigen und anbieten und Menschen erreichen, die einen zeitgemässen, am Humanismus orientierten Glauben leben möchten.

Wir sind davon überzeugt, dass eine funktionierende Gesellschaft nur auf der Grundlage des friedlichen Miteinanders möglich ist. Dazu gehören der gegenseitige Respekt, der konstruktive und offene Dialog und die bewusste gesellschaftliche Partizipation.

Unsere Ziele

1. Die Ausarbeitung moderner Lesarten des Korans beruhend auf einer historisch-kritischen Textanalyse.
2. Die Ausarbeitung einer neuen modernen, aufgeklärten und humanistisch angelegten Theologie, die den Glauben als persönliche Angelegenheit versteht und uneingeschränkt mit Demokratie und den Menschenrechten konform ist.
3. Die Bekanntmachung und Verbreitung liberal-islamischer Ideen und Konzepte über Publikationen, Projekte, Kampagnen und öffentliche Debatten.
4. Wir unterstützen liberale Musliminnen und Muslime, die geschlechtergemischte Gebete in Moscheen anbieten, in denen auch Frauen Imaminnen sein können, die für die

Teilnahme am Gebet keine Bekleidungsvorschriften aufstellen, die ihre Predigten auf Deutsch halten und somit den Integrationsprozess mit unterstützen.

5. Zur Vertretung der Muslime gegenüber dem Staat streben wir die Bildung eines Rates an, der sich aus Mitgliedern konservativer Verbände sowie Mitgliedern eines reformierten liberalen Islam zusammensetzt.
6. Wir befürworten und unterstützen die Einführung von humanistisch orientiertem islamischem Religionsunterricht an allen Schulen. Der islamische Religionsunterricht soll die reflektierende Identitätsbildung, die Integration und die gegenseitige Toleranz fördern.
7. Wir unterstützen liberal-islamische Organisationen und Gruppen, die Projekte zur Stärkung von Mädchen und Frauen anbieten, die Projekte zur Gewaltprävention anbieten, die Projekte zum interreligiösen Dialog anbieten, die Projekte zu sozialer Integration anbieten, die Projekte im Bereich religiöse Aufklärung/Kampf gegen religiösen Extremismus anbieten.

Wir lehnen Extremismus, Diskriminierung, Gewaltverherrlichung und Segregation entschieden ab. Demokratie und Menschenrechte stellen für uns die Grundlage für das friedliche Miteinander aller Menschen in unserer Gesellschaft dar.

Der Artikel 30 der [Allgemeinen Erklärung der] Menschenrechte (Auslegungsregel), die für uns bindend sind, steht über jedem Anspruch, der möglicherweise aus einer islamischen Rechtsprechung erwachsen könnte.

Abkürzungs- und Begriffsverzeichnis

AfD
Alternative für Deutschland

AKP
Adalet ve Kalkınma Partisi (Partei für Gerechtigkeit und Entwicklung, Türkei)

Aleviten, «Anhänger Alis»
Aleviten werden als eine Glaubensrichtung der schiitischen Muslime klassifiziert.

Apostasie
Abfall vom Glauben

ATIB
Union der Türkisch-Islamischen Kulturvereine in Europa e.V.; Bezeichnung von Diyanet in Österreich

Auns
Aktion für eine unabhängige und neutrale Schweiz

BDP
Bürgerlich-demokratische Partei, Schweiz

BpB
Bundeszentrale für politische Bildung, Deutschland

CDU
Christlich-demokratische Union, Deutschland

CSU
Christlich-soziale Union, Deutschland

CVP
Christlich-demokratische Volkspartei, Schweiz

Da'wa
Einladung zum Islam (Missionsarbeit)

DITIB
Türkisch-Islamische Union der Anstalt für Religion e. V.; Bezeichnung von Diyanet in Deutschland

Diyanet
Türkische Religionsbehörde

Jihad
Wörtlich: «die Anstrengung auf Gottes Weg»; umfasst sowohl äussere Aspekte (Verteidigung von Muslimen und des Islam) als auch innere (Kampf gegen das Böse im eigenen Herzen)

ECFR
Europäischer Rat für Fatwa und Forschung

EOIC
Europäische Organisation der islamischen Zentren

EWG
Europäische Wirtschaftsgemeinschaft (Vorgängerin der EU)

Failed states
Gescheiterte Staaten

Fatwa
Rechtsgutachten einer muslimischen Autorität

FDP
Freisinnig-demokratische Partei, Schweiz

FIDS
Föderation Islamischer Dachorganisationen Schweiz

Hadith
Aussagen und Handlungen des Propheten Mohammed

Hidschra
Flucht Mohammeds aus Mekka nach Medina

IGD
Islamische Gemeinschaft Deutschland

ILMÖ
Initiative liberaler Muslime Österreich

ISESCO
Islamische Organisation für Erziehung, Wissenschaft und Kultur

IS
Islamischer Staat

Isis
Islamischer Staat in Irak und Syrien

IZRS
Islamischer Zentralrat der Schweiz

Kafir
Leugner

KIOS
Koordination Islamischer Organisationen Schweiz

k. u. k.
kaiserlich und königlich

Milli Görüs
Türk. «nationale Sicht», religiöser Arm der UETD; islamistisch-nationalistische türkische Bewegung, vor allem im deutschsprachigen Raum aktiv

MAI
Islamischer Weltkongress

MHP
Milliyetçi Hareket Partisi (Partei der nationalistischen Bewegung, Türkei), politischer Arm der Ülkücü (türk. Idealisten)

MPV
Muslims for Progressive Values (Muslime für fortschrittliche Werte)

Mujahed
Gotteskrieger

Nikab
Gesichtsschleier

NPD
Nationaldemokratische Partei Deutschland

OCI
Organisation für islamische Kooperation

PKK
Partiya Karkerên Kurdistanê (Kurdische Arbeiterpartei)

Salafisten
Die Altvorderen (abgeleitet vom arab. «salaf»). Kennzeichnend ist das Bestreben, den Islam von fremden Elementen zu reinigen, um ihn auf einen imaginären Kernbestand von Aussagen und Praktiken zurückzuführen, die dem Vorbild des Propheten Mohammed und der Generation der frühen Muslime entsprechen sollen.

Scharia
Islamische Rechtsprechung

Schiiten
Anerkennen nur einen Nachkommen aus Mohammeds Familie als Anführer der Gemeinschaft, vor allem im Iran, im Irak, in Aserbaidschan, im Libanon und in Bahrain praktiziert

SPD
Sozialdemokratische Partei Deutschland

Sunna
Überlieferte Sitten, Bräuche und Werte; religiöse Bedeutung: beispielhaftes Verhalten nach dem Propheten Mohammed

Sunniten
Ziehen den geeignetsten Mann als Anführer der Gemeinschaft vor, stellen in den meisten islamischen Staaten die Mehrheit

SVP
Schweizerische Volkspartei

UAIS
Union Albanischer Imame in der Schweiz

UÇK
Ushtria Çlirimtare e Kosovës (Kosovarische Befreiungsarmee)

UIAZD
Union der Islamisch Albanischen Zentren in Deutschland, e. V.

Ülkücü
Türk. «Idealisten», auch Graue Wölfe genannt; rechtsextreme türkische Gruppierung

UETD
Union Europäisch-Türkischer Demokraten; Lobbyorganisation für die AKP in Europa

Umma
Islamische Weltgemeinschaft

UVAM
Union Vaudoise des Associations Musulmanes

VAM
Verband Aargauer Muslime

VIOZ
Vereinigung der islamischen Organisationen in der Schweiz

Wahhabismus
Saudische Staatsdoktrin, auf den islamischen Gelehrten Muhammad ibn 'Abd al-Wahhab (1703–1792) zurückgehend; diese «reine» Lehre erlaubt keine Neuerungen, sondern orientiert sich streng an Koran und Sunna.

Zakat
Spenden von Almosen

ZMD
Zentralrat der Muslime Deutschlands

Auswahlbibliografie

Abdel-Samad, Hamad: «Der gefährliche Prophet», in: *Die Zeit,* 38/2015, 17.9.2015.

Alexander, Dietrich: «Mohammed war ein Massenmörder und ein kranker Tyrann», in: *Die Welt,* 27.9.2015.

Ates, Seyran: *Selam, Frau Imamin,* Ullstein Verlag, 2017.

Bacia, Horst: «Das Vietnam der Sowjetunion», in: *Frankfurter Allgemeine Zeitung,* 28.12.2009.

Bamarni, Jotiar: *Muhammad: Die faszinierende Lebensgeschichte des Propheten,* Schreibfeder Verlag, 2008.

Bingener, Reinhard: «Wieso die Kritik am Moscheenverband Ditib wächst», in: *Frankfurter Allgemeine Zeitung,* 20.8.2016.

Born, Reinhard; Mulch, Klaus: *Islam unter christlicher Lupe – Theorie und Praxis kompakt dargestellt,* Orientdienst e. V., Dortmund 2015.

Boyadjian, Rupen: «Die Katar-Connection des Islamischen Zentralrats», in: *Tages-Anzeiger,* 27.11.2016.

Brand, Christine; Furger, Michael: «Zwietracht unter den Muslimen», in: *Neue Zürcher Zeitung,* 18.4.2010.

Dorer, Christian: «Klare Regeln für Flüchtlinge» (Interview mit Sebastian Kurz, Aussenminister Österreich), in: *Blick,* 29.3.2016.

Duthel, Heinz: *Islam in Deutschland: So sieht die Zukunft Deutschlands und Europas aus,* Kindle Edition, 2013.

El Sonbati, Jasmin: «Muslime müssen sich den Spiegel vorhalten», in: *Neue Zürcher Zeitung,* 19.11.2015.

Follath, Erich: «Wer war Mohammed?», in: *Spiegel Geschichte,* 5/2010, 28.9.2010.

Gamp, Roland; Marti, Simon: «Erdogans Agenten im Bundeshaus», in: *Blick,* 12.3.2017.

Gerny, Daniel: «Transparenz in Moscheen entsteht nicht auf Befehl», in: *Neue Zürcher Zeitung,* 22.4.2016.

Gut, Philipp: «Bin Laden in Biel», in: *Die Weltwoche,* Ausgabe 14/2010.

Halm, Heinz: *Geschichte der arabischen Welt,* C. H. Beck, 1987.

Hans, Barbara: «Beschneidung aus religiösen Gründen ist strafbar», in: *Spiegel online,* 26.6.2012.

Harris, Sam; Nawaz, Maajid: *Islam and the Future of Tolerance: A Dialogue*, Harvard University Press, 2015.

Häuptli, Lukas; Schmid, Andreas: «Arabisches Geld für Schweizer Moscheen», in: *NZZ am Sonntag*, 13.11.2016.

Häuptli, Lukas: «Das heisse Geld aus Katar», in: *NZZ am Sonntag*, 27.11.2016.

Heinisch, Heiko: «Der Islam muss seinen Gott unter Kontrolle bringen», in: *Der Standard*, 11.3.2017.

Heitmann, Matthias: «Trügerische Toleranz», in: *Neue Zürcher Zeitung*, 17.2.2016.

Hermann, Rainer: «Der Nährboden des Terrors», in: *Frankfurter Allgemeine Zeitung*, 28.11.2015.

Karaoglu, Gamze; Feyder, Franz; Weissenborn, Michael: «Die Gruppen UETD, Osmanen Germania, MIT, Milli Görüs, Muslimbrüder und Salafisten», in: *Stuttgarter Nachrichten*, 8.4.2016.

Kensche, Christine: «Schwuler Imam erklärt Flüchtlingen den Koran», in: *Die Welt*, 4.5.2016.

Kepel, Gilles: «Pourquoi Tariq Ramadan s'intéresse-t-il tant à la France?», in: *France Culture*, 25.5.2016, https://www.franceculture.fr/emissions/le-monde-selon-gilles-kepel/le-monde-selon-gilles-kepel-mercredi-25-mai-2016 (Zugriff: 15.6.2017).

Khorchide, Mouhanad: «Wir brauchen einen islamischen Humanismus», in: *Cicero*, 12.10.2015.

Khorchide, Mouhanad: «Wir dürfen nicht zusehen», in: *Zeit online*, 29.10.2015.

Klovert, Heide: «Der Prophet hat Homosexuelle beschützt», in: *Spiegel online*, 3.5.2016.

Köckritz, Angela: «Dass man sich als Journalist in Deutschland fürchten muss – das kann doch nicht sein», in: *Die Zeit*, 11.3.2017.

Kögel, Annette: «Berlin soll liberale Moscheegemeinde bekommen», in: *Der Tagesspiegel*, 4.3.2017.

Koopmans, Ruud; Ersanilli, Evelyn: «Six Country Immigrant Integration Comparative Survey (SCIICS)», Forschungsprojekt des Wissenschaftszentrums Berlin für Sozialforschung, https://www.wzb.eu/de/forschung/migration-und-diversitaet/migration-integration-transnationalisierung/projekte/six-country-immigrant (Zugriff: 15.6.2017).

Krummenacher, Jürg: «Im undurchsichtigen Netz der Moscheen», in: *Neue Zürcher Zeitung*, 11.8.2016.

Kucera, Andrea; Gyr, Marcel: «Die Terroristen haben auch uns studiert», (Interview mit Terrorismus-Experte Jean-Paul Rouiller), in: *Neue Zürcher Zeitung,* 1.4.2017.

Lazarević, Krsto: «Dich werden wir auch köpfen», in: *Zeit online,* 19.1.2016.

Leipold, Helmut: *Islam, institutioneller Wandel und wirtschaftliche Entwicklung,* (Studien zur Ordnungsökonomik), Lucius & Lucius, 2002.

Leu, Olivier: «Türkei weist Schweizer am Flughafen ab», in: *Tages-Anzeiger,* 12.3.2017.

Meier, Michael: «Drehscheibe für salafistische Imame», in: *Tages-Anzeiger,* 4.6.2016.

Meier, Michael: «Der höchste Muslim der Schweiz gibt Erdogan die Ehre», in: *Neue Zürcher Zeitung,* 31.3.2017.

Mönch, Regina: «Frauen stören das System», in: *Frankfurter Allgemeine Zeitung,* 4.12.2015.

Nagel, Tilman: «Mohammed ging es immer auch um Macht», in: *GEOkompakt,* Nr. 16, 09/08, «Glaube und Religion», S. 134–138.

Neumann, Peter: *Der Terror ist unter uns – Jihadismus und Radikalisierung in Europa,* Ullstein Verlag, 2016.

Nyffenegger, Alexander: *Bosnien – Ein Land zwischen Korruption und Extremismus,* Haag+Herchen, 2015.

Ohlig, Karl-Heinz: *Zur Entstehung und Frühgeschichte des Islam,* Bundeszentrale für politische Bildung, 21.6.2007.

Österreichische Gesellschaft für Politikanalyse: *Der lange Schatten des Kalifats,* Wien, Februar 2017.

Pelda, Kurt: «Die Schweizer Islamisten», in: *Die Weltwoche,* 3/2015.

Rogg, Inga: «Türkei sucht den Showdown», in: *NZZ am Sonntag,* 11.3.2017.

Rotter, Gernot: *Das Leben des Propheten: as-sira an-nabawiyya, Muhammad Ibn Ishaq,* Spohr Publishers Limited, 2008.

Roy, Olivier, in: Bonzon, Ariane: «Comment Tariq Ramadan est devenu l'homme du grand écart permanent», in: *Slate,* 11.12.2015, http://www.slate.fr/story/111343/tariq-ramadan-grand-ecart-permanent-enquete, (Zugriff: 15.6.2017).

Roy, Olivier: *Le Djihad et la mort,* Seuil, 2016.

Ryser, Daniel: «Die Dschihadisten von Bümpliz», in: *WOZ,* Ausgabe 34/2016.

Scherrer, Georges: *Gewalttätige Koranverse: Ist die Bibel weniger blutig und brutal?,* Katholisches Medienzentrum, 16.1.2015.

Schirmbeck, Samuel: *Der islamische Kreuzzug und der ratlose Westen,* Orell Füssli, 2016.

Schirrmacher, Christine: *Die Scharia – Recht und Gesetz im Islam,* Hänssler Verlag, 2015.

Schmid, Ulrich: «Spendengelder für Terroristen: Wen Katar finanziell unterstützt», in: *Neue Zürcher Zeitung,* 13.6.2017.

Schmoll, Thomas: «‹We love Muhammad› – die gar nicht so neue Masche der Salafisten», in: *Flensburger Tagblatt,* 28.5.2017.

Schreiber, Constantin: *Inside Islam: Was in Deutschlands Moscheen gepredigt wird,* Ullstein Verlag, 2017.

Schreiber, Constantin: «Gott allein ist der Gesetzgeber», in: *Die Zeit,* 31.3.2017.

Schulze, Reinhard: *Islamischer Internationalismus im 20. Jahrhundert. Untersuchungen zur Geschichte der Islamischen Weltliga,* Brill Leiden, 1990.

Sfeir, Antoine: «Tariq Ramadan: une imposture démasquée (Antoine SFEIR devant la ‹mission parlementaire sur le voile intégral›)», http://www.politique-actu.com/actualite/tariq-ramadan-imposture-demasquee-avec-antoine-sfeir-mission-parlementaire-voile-integral/1624229/ (Zugriff: 15.6.2017).

Sietz, Henning: «Der Krieg, der nicht zu gewinnen war», in: *Zeit online,* 23.12.2009.

Skinner, Barnaby: «Spitzel fotografierten Teilnehmer an Zürcher Uni-Seminar», in: *Tages-Anzeiger,* 13.3.2017.

Soukup, Michael: «Rickli fordert strikteres Verbot von Kinderehen», in: *Tages-Anzeiger,* 29.11.2016.

Staehelin, Konrad: «‹Der Islam ist gefangen von Rückständigen› – Interview mit dem Berner Imam Mustafa Memeti», in: *watson.ch,* 12.10.2016.

Stauffer, Beat: «Schwach abgestützter Vertreter von Muslimen», in: *Neue Zürcher Zeitung,* 17.6.2010.

Thiriet, Maurice: «Islamist Blancho will muslimische Schulen in der Schweiz», in: *Tages-Anzeiger,* 10.4.2010.

Tibi, Bassam: «Die verdeckte Islamisierung Europas», in: *Basler Zeitung,* 11.10.2016.

Véliocas, Joachim: *Mosquées radicales: Ce qu'on y dit – Ce qu'on y lit,* Éditions Dominique Martin Morin, 2016.

Wellhausen, Julius: *Reste arabischen Heidentums: Gesammelt und erläutert,* Reimer, 1897.

Ye'or, Bat: «7 juin 1975: le jour où l'Europe a été vendue au monde Arabe», in: *Dreuz.info,* 16.3.2012, http://www.dreuz.info/2012/03/16/7-juin-1975-le-jour-ou-leurope-a-ete-vendue-au-monde-arabe-par-bat-yeor/ (Zugriff: 15.6.2017).

Autor unbekannt: «59 personnalités dont le cheikh al-Qaradawi et 12 entités dont Qatar Charity accusées de terrorisme par l'Arabie saoudite, les Emirats, Bahreïn et l'Egypte», in: http://www.observatoire-qatar.com (Zugriff: 15.6.2017).

Autor unbekannt: «Die Religion ist nur ein Vorwand», in: *Zeit online*, 15.11.2016.

Autor unbekannt: «German Intelligence Official Calls Muslim Brotherhood ‹A Threat To Western Democratic Systems›», in: www.globalmbwatch.com (Zugriff: 20.2.2017).

Autor unbekannt: «Giffey warnt vor ‹fremdgesteuerten Moscheevereinen›», in: www.rbb-online.de (Zugriff 26.4.2016).

Autor unbekannt: «‹Lies›-Verbot: Nun kommen deutsche Salafisten in die Schweiz», in: *Aargauer Zeitung*, 20.11.2016.

Autor unbekannt: «Ministerium fördert Islamverband Ditib wieder», in: *Süddeutsche Zeitung*, 2.5.2017.

Autor unbekannt: «Mohammed – sein Leben und Wirken», EFG Berlin, 2002.

Autor unbekannt: «Mohammeds Reaktion auf Ablehnung», in: www.orientdienst.de (Zugriff: 1.2.2011).

Autor unbekannt: «Muslimbruderschaft breitet sich in Sachsen weiter aus», in: *Die Welt*, 4.2.2017.

Autor unbekannt: «Oberster Polizeidirektor fordert ‹Lies!›-Verbot», in: *Blick*, 21.12.2016.

Autor unbekannt: «Österreich verabschiedet Islamgesetz», in: *Spiegel online*, 25.2.2015.

Autor unbekannt: «Spatenstich der neuen Moschee in Wil», in: www.vioz.ch (Zugriff 27.6.2015).

Namensregister

Die Autorin

Saïda Keller-Messahli, geboren 1957 in Tunesien, verbrachte einen Teil ihrer Kindheit in der Schweiz. In Tunis absolvierte sie ein französisches Gymnasium und arbeitete anschliessend in Saudiarabien, um Geld für ihr Studium zu verdienen. An der Universität Zürich absolvierte sie ein Studium der Romanistik, der englischen Literatur und der Filmwissenschaft. Sie arbeitete für diverse Kulturinstitutionen und Medien in Zürich (Schweizer Fernsehen, Kulturstiftung Pro Helvetia, *Die Weltwoche*) und unterrichtete am Gymnasium. Für das Eidgenössische Departement für auswärtige Angelegenheiten (EDA) war sie 1997 und 2001 als internationale Beobachterin in Hebron (Westbank) tätig. 2004 gründete sie in Zürich das Forum für einen fortschrittlichen Islam. Zurzeit ist sie politisch und publizistisch freischaffend tätig. Sie ist verwitwet und Mutter von zwei erwachsenen Söhnen. 2016 erhielt sie den Menschenrechtspreis der Internationalen Gesellschaft für Menschenrechte (IGMR).